包み蒸し
8分

包丁いらず&
フライパンだけでラクラク自炊！

# ほったらかしのやせごはん

川崎利栄

# はじめに

1人暮らしの人と話をすると、「忙しくて自炊もままならず、食生活が乱れがち」という声を耳にします。撮影の合間にパパッと作ったおみそ汁でさえ、スタッフさんから「おいしい～。久しぶりに飲みました！」なんて感想をもらうことも、めずらしくありません。

「料理は時間がかかるし、洗い物が大変」「仕事から帰って、包丁を握るのがしんどい」「調味料を買いそろえたけど、使い切れない」「作り置きしたのに、急な外食でムダに」……。そんな切実な声を聞いて、料理初心者や、忙しくても体にやさしいごはんを食べたいと思っている方のために、この本を作りました。キッチンバサミを使い、最小限の食材で1品を完成させます。社会人1年生と大学生のうちの息子たちでも作れるかな？ という目線で考えた、簡単で、なおかつおいしいほったらかしの“包み蒸し”料理です。

切った食材と調味料をクッキングシートで包んだら、フライパンで蒸すだけ。特別な道具はいりません。どのレシピも、火加減なしの中火のみ、加熱時間は８分。片づけは、シートを捨ててフライパンをささっと洗うだけ。“包み蒸し”って本当にラクなんです！ しかも、油や調味料も最小限だから、カロリー控えめ。ダイエットしたい人に食べてほしい、“やせごはん”でもあります。

「こんな簡単に健康的でおいしいごはんが作れるんだ！」と、みなさんにも実感してもらえますように。そして、負担なく自炊を続けてもらえたら、うれしい限りです。

川崎利栄

# contents

contents

## Part 2
## 加工食品で ラク早おかず25

## Part 3
## ほぼノンオイル! ごはん・麺・パン14

## Part 4

## 野菜のラクうま サブおかず34

## Part 5

## 自炊生活の スタートを応援！

# 「ほったらかしのやせごはん」8つのメリット

## 1 包丁いらず！

食材はキッチンバサミで切るか、手でちぎる！　1冊まるごと包丁を使わないので、とにかく手早く作れます。千切りやみじん切りが苦手な人も大丈夫♪

## 2 まな板いらず！

洗い物は少ないほどいい！　だから、まな板も使いません。バットにのせたクッキングシートやボウルの上で、食材をキッチンバサミで切るだけで作れます。

## 3 火加減がラク！

クッキングシートで食材を包み、水を入れたフライパン（直径約24㎝）でふたをして中火で8分蒸すだけ！　ふきこぼれなければ、火加減なしで大丈夫。

## 4 レア調味料なし！

コチュジャンや豆板醤、おしゃれスパイスなど、「ふだん使わない」「余りがち」な調味料は使いません。いつもの定番調味料でOK！

調理方法は、材料を切ってクッキングシートに包んで蒸すだけ！
キッチンバサミを使い、主食を除く**主な食材は2種類**だから、
節約や時短にも。**おかず2品で600kcal台以下**、
塩分や糖質量なども分かり、おいしいうえに超ヘルシー！
健康が気になる人や、料理が苦手な自炊ビギナーに最適です。

**おまけ**

包むのが面倒くさい……と思っていますか？ 大丈夫！
コツさえつかめば、

**あれもこれも包みたくなるほどラクで便利な調理法が“包み蒸し”なんです‼**

## 5 キッチンスケールいらず！

キッチンスケール（量り）を使わなくても、簡単に材料を量れるよう工夫しました。野菜は計量カップ、ひき肉は大さじを使って量れば、時短にも。

## 6 焼き油・揚げ油なし！

どのレシピも蒸すだけ！　焼かない＆揚げないから、もちろん焼き油や揚げ油は不要。調味料も控えめで、ほぼノンオイルのヘルシーおかずが作れます。

## 7 調理中つきっきりの必要なし！

蒸している8分間に洗い物をすれば、料理完成と同時に片づけもほぼ終了。お茶やビールを飲みながら待つ余裕まで♥
時間のない、忙しい人こそ試してみて！

## 8 後片づけが超カンタン！

クッキングシートに包んで蒸すから、フライパンがほとんど汚れません。調理後は汚れたシートをポイッと捨てて、フライパンをサッと洗うだけ！ もうゴシゴシ洗いの必要はありません。

# 2品同時調理の

最初の8つのメリットに加えて、“包み蒸し”最大の特長は、
1つのフライパンで2品を同時調理できること。
好きな2品をコンビにして、同じフライパンにポンッ！
もちろん1品だけでもOK。1品でも2品でも、8分で同時に完成するレシピです。
たんぱく質豊富なメインおかずと野菜のサブおかずを組み合わせれば、
栄養バランスもぐっとよくなります。2品の組み合わせに悩んだら、
同じページの「いちおしサブおかず」をどうぞ。
「マネするだけの2品献立」のページも参考にしてくださいね！

# おいしいコンビ

## 2品を選ぶヒント

| | | メイン | | サブ |
|---|---|---|---|---|
| 味のメリハリをつける | → 例） | こってり | ＋ | さっぱり |
| ジャンルをそろえる | → 例） | 和風 | ＋ | 和風 |
| 色のメリハリをつける | → 例） | 茶色 | ＋ | 緑 |

難しく考えずに
お気に入りコンビを
定番化してみて❤

# 包んでみよう！

クッキングシートで食材を包むのが“包み蒸し”の特徴。最初は少しとまどうけれど、
コツをつかめば楽勝です。自炊が断然ラクに楽しくなるので、折り紙気分でスタート！

## 基本の包み方

肉、魚、野菜など、固形の食材を包むときの方法です。
この本のレシピのほとんどが、この包み方で作れます。

### 1 クッキングシート上で食材を切る

クッキングシートを長さ約40㎝に切ってバットにのせ、その上で野菜や肉を切り、調味料をかける。

### 2 クッキングシートの上下をたたむ

中心に向かって、クッキングシートを折る。
食材の上で重なるようにして。

### 3 端をねじってキャンディー結びに

包みの左右の端を、くるくるとしっかりねじる。
ねじり方がゆるいと蒸す間に水が入るので、
破れない程度にきつくねじるのがポイント。

## 4 端のねじり終わりを上に向ける

キャンディー包みの両端は上に向けておく。
ねじり終わりが水面より下だと、
包みに水が入って味がぼやけます。

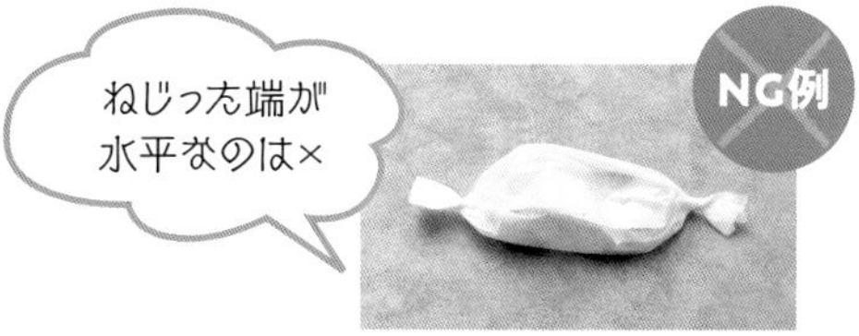


## あらかじめ型を作っておく場合

卵液やスープなど、液体の調理に使う方法。先にシートをボウル状に成形し、食材を入れます。

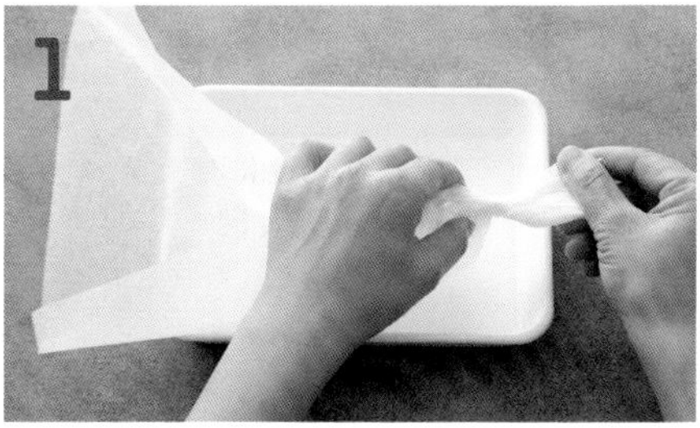


### 両端をねじってキャンディー結びに

クッキングシートを長さ約40㎝に切ってバットにのせ、左右の端をねじってキャンディー結びにする。液体が漏れないように、ぎゅっときつくねじる。

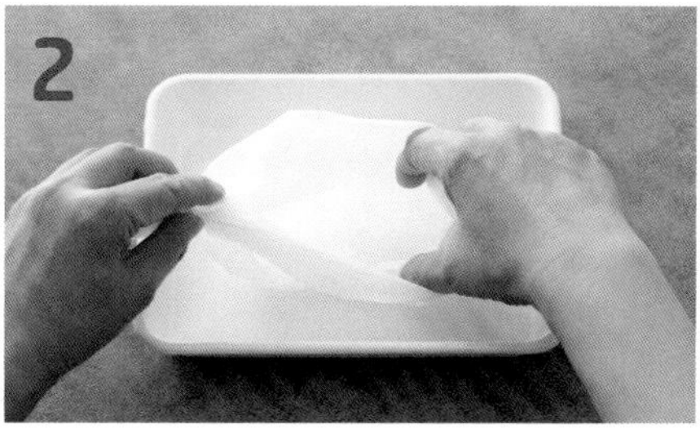


### 包みの上部を開いて形を整える

食材を入れられるように、シートの上部を開く。蒸す間に水が入らないよう、両端のねじり終わりを上へ向け、形を整える。

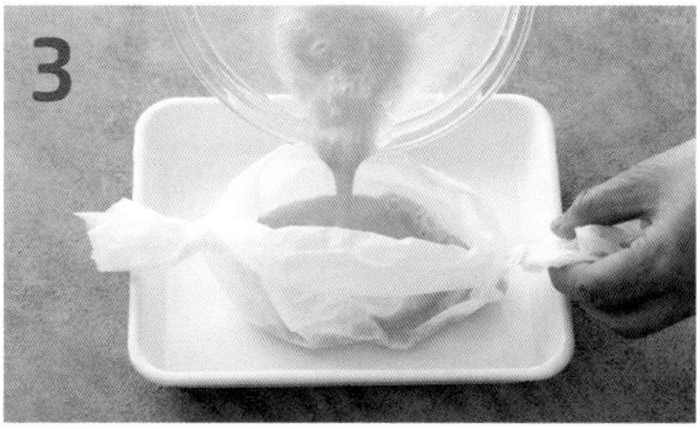


### 食材を入れる

卵液や水を注ぐ。シリコン樹脂加工のクッキングシートは耐水性に優れているので、液体を入れても破れない。

効率的な調理手順は
**p118**を見てね！

# そろえておくと便利な**調味料**

にんにくやしょうがはチューブを使って、みじん切りの手間をカット！
白だしは、手早く和風味にできる“自炊の友”なので、ぜひスタメンに。
酒は料理酒に限らず、お好みの日本酒でもOKです。

砂糖

しょうゆ

塩

塩こしょう

マヨネーズ

ケチャップ

酒

白だし

片栗粉

鶏がら
スープの素

コンソメ
スープの素

にんにく
（チューブ）

しょうが
（チューブ）

あらびき
黒こしょう

乾燥パセリ
（お好みの種類）

# 時短や保存に便利な食材

早ゆでペンネや、缶詰などは時短調理の強い味方。
豆腐は使い切りサイズの3連パックがおすすめです。
バターは10gずつ切れているタイプで、計量不要に。便利な食材で自炊率アップ！

大豆ドライパック

ひじきドライパック

冷凍中華麺

早ゆでペンネ

早ゆでマカロニ

切れてるバター

厚揚げ6個入り

ツナ缶（オイル漬け）

豆腐（3連パック）

# そろえておくと便利な

クッキングシートのメーカーはどこでもOK。幅30㎝くらいのものが包みやすいです。
フライパンは直径24㎝前後の、ふたつきのものを。
深さがあり、ふたがぴったり閉まる、底と上部の直径の差が少ないタイプがベストです。
この本では「グリーンパン」の24㎝を使用しました。

フライパン

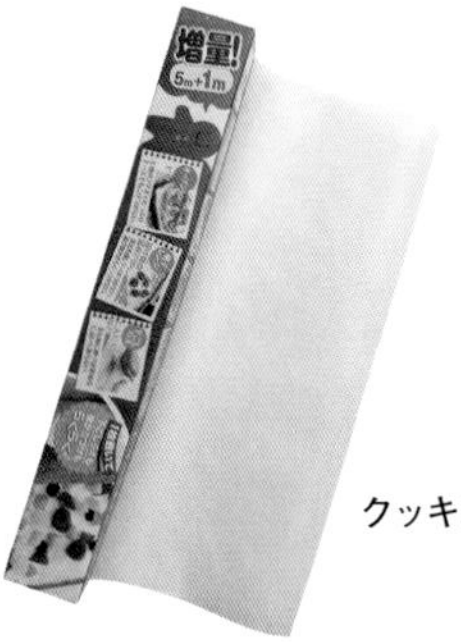


クッキングシート

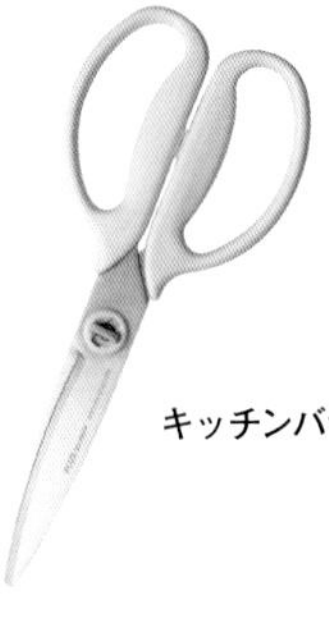

キッチンバサミ

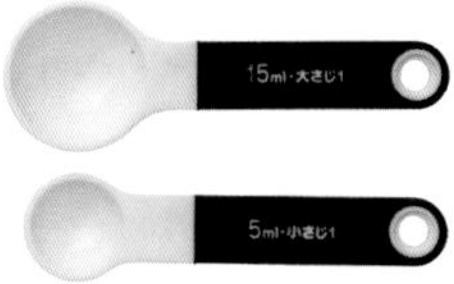


大さじ・小さじ

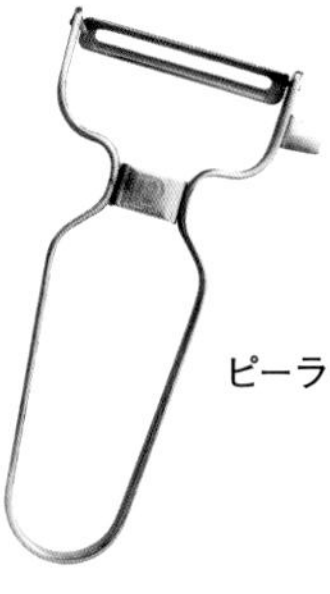

ピーラー

バット（21×17㎝）

ボウル

計量カップ

# キッチンツール

## この本では使いません

包丁

まな板

フライ返し

### キッチンバサミの取り扱い

この本で大活躍のキッチンバサミ。私は「プラス」のもの（1000円前後）を愛用しています。野菜も肉も、スパッと切れてパワフル。簡単に分解できるので、使用後は必ず分解して洗ってくださいね。さびないよう、しっかり乾かしてから元に戻して。

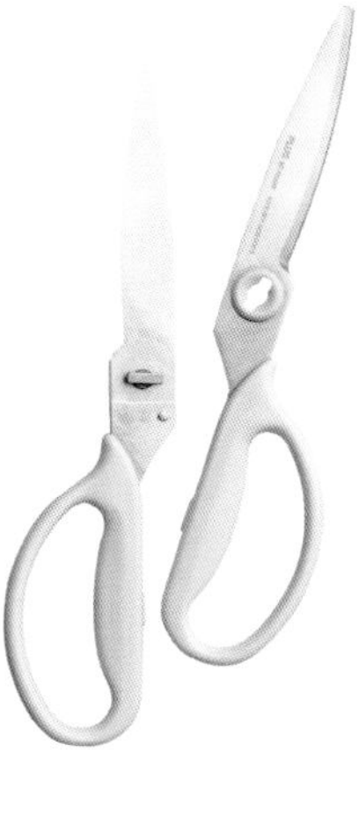

# 計量のポイント

料理を始める前に、計量の基本を
おさらいしておきましょう。

**大さじ1（15ml）**
**小さじ1（5ml）** は

すりきり1杯のこと

**大さじ1/2**
**小さじ1/2** は

固体調味料ならすりきり半分

液体調味料の場合、
かなり上まで入れてちょうどいい量です

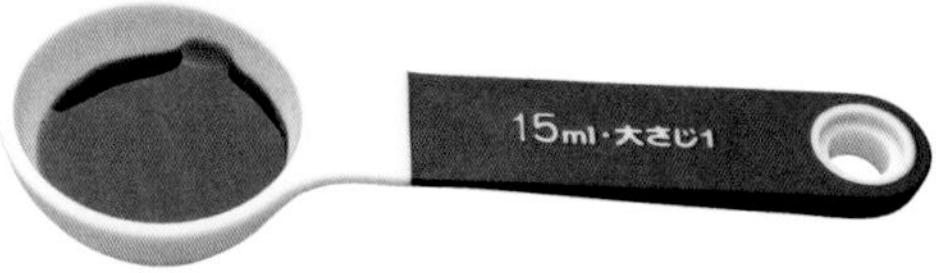


**1カップ** は

200mlです

いろいろな容量の計量カップが売っていますが、この本の計量単位は1カップ＝200ml、1/2カップ＝100mlです。

**ひとつまみ** は

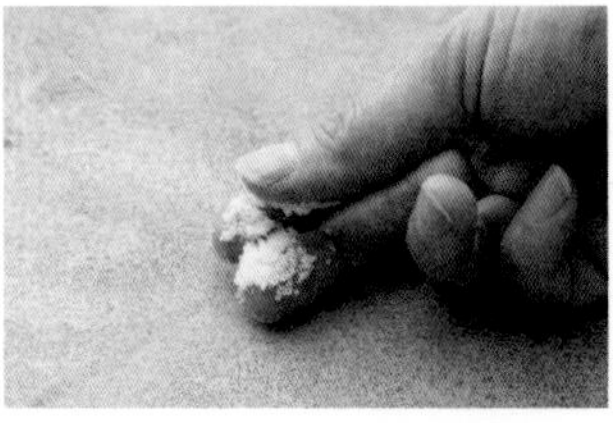

親指と人差し指、中指の3本でつまんだときの量。
小さじ1/4とほぼ同量です。

p120～121
目量りカタログも見てね！

# “包み蒸し”調理で気をつけること

簡単便利な“包み蒸し”ですが、

安全でおいしい食事のために、守ってほしいルールがあります。

前作『朝８分ほったらかし弁当』では、直径28㎝のフライパンに水500mlを入れるので強火でしたが、この本では、小さいフライパンと少量の水で蒸すので、中火で加熱します。沸騰後は、常にフライパンの中のお湯がぼこぼこしている状態。ご自宅のコンロの火力に合わせて調整を。

## 加熱後、やけどに気をつけて！

８分加熱後、バットに取り出して包みを開きます。蒸気がとても熱いので、やけどしないよう慎重にそっと開きましょう。

## 肉や魚の加熱が足りなかったら？

加熱後の包みを開けてみて、お肉などの中心がまだ生だったら、軽く混ぜて再び包みを閉じます。しばらくおき、余熱で火を通して。

# 私もほったらかしてみました

**「包み蒸し」ってホントにラクで便利です！**

（前作『フライパンで3品同時に作れる魔法のレシピ！ 朝8分ほったらかし弁当』へのレビューより）

クッキングシートを
ねじるのも やってみると
意外と簡単でした

同じフライパンで
何品も同時調理するのは驚き！
ほったらかす8分間に
いろいろできる

蒸して作るからなのか
お肉のやわらかさに
びっくりした

洗い物もフライパン
1つなんてうれしい♪

# Part 1

# がっつり食べたい 空腹メインおかず35

やせたいけど、満腹感のあるおいしいものを食べたい！

そんなわがままな願いも叶うのが

“包み蒸し” のいいところ。

初心者でもヘトヘトでも作れる簡単さにこだわった

300 kcal台以下のレシピです。

鶏むね肉

とろ~りチーズが、さっぱりむね肉にマッチ!
“包み蒸し” だから低カロリーでお腹満足。

# イタリアンチキン

エネルギー 249kcal
たんぱく質39.3g
糖質3.7g　塩分1.1g

# 鶏むね肉を包む

・鶏むね肉（皮なし）…… 1/2枚（150g）
・ケチャップ …… 小さじ2

クッキングシート上で
鶏肉を薄めの一口大に切り、
ケチャップを加えて包む。

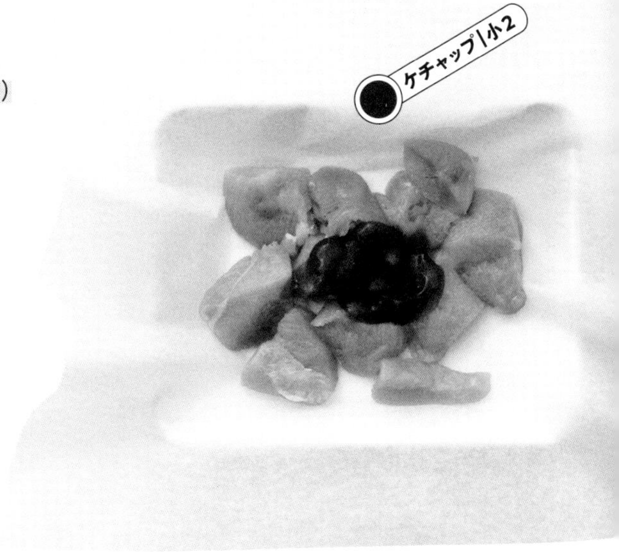


# フライパンで蒸す

・とろけるスライスチーズ …… 1枚
・乾燥パセリ …… 少々

フライパンに包みを入れ、水1カップ（200ml）
を注ぎ、ふたをして中火で8分加熱する。
包みを取り出して全体を混ぜ、器に盛り、
チーズをのせ、パセリを散らす。

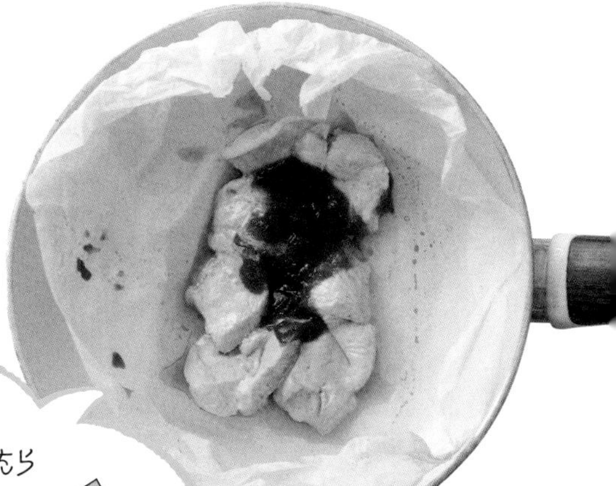

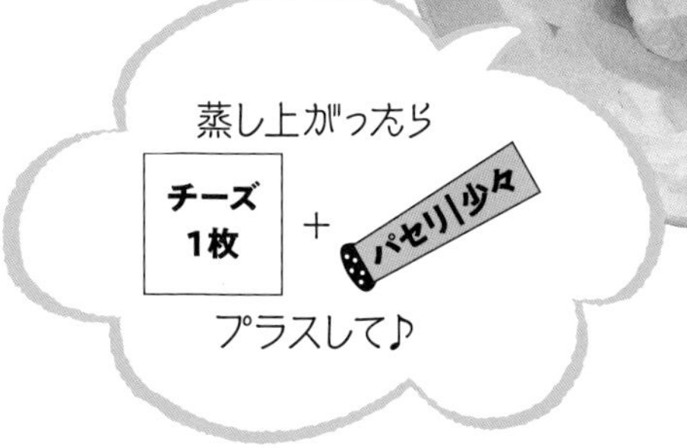


いちおしサブおかず
にんじんサラダ ▸▸ p95

きゅうりは、たたいて香りよく！
やわらか蒸し鶏とごまドレは相性抜群。

# バンバンジー

エネルギー 240kcal
たんぱく質36.8g
糖質5.3g　塩分0.6g

# 鶏むね肉を包む

・きゅうり …… 1/2本
・鶏むね肉（皮なし）…… 1/2枚（150g）
・酒 …… 小さじ1
・しょうが（チューブ）…… 2cm

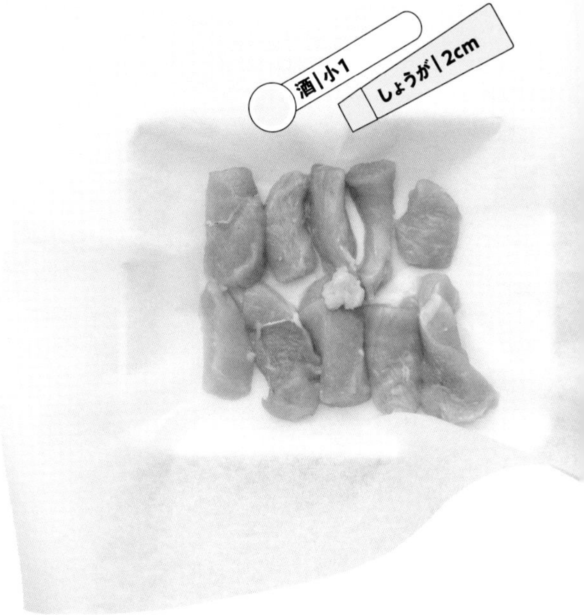


きゅうりをラップで包み、
計量カップの底などでたたいて割って、
器に盛る。
クッキングシート上で鶏肉を幅2cmの
棒状に切り、酒、しょうがを加えて包む。

# フライパンで蒸す

・市販のごまドレッシング …… 大さじ1

ごまドレはコンビニの
使い切りパックでも

フライパンに包みを入れ、水1カップ
（200ml）を注ぎ、ふたをして中火で8分加熱する。
包みを取り出してきゅうりをのせた器に盛り、ドレッシングをかける。

Point

きゅうりはたたくと香りがよくなり、
ドレッシングもからみやすくなる。

いちおしサブおかず

ピーマンと豚ひき肉のおかか和え ▸▸ p102

しっとりむね肉とピリ辛だれがあと引くおいしさ。
蒸している間にたれを作って、効率アップ!

# よだれ鶏

エネルギー 207kcal
たんぱく質35.6g
糖質4.7g　塩分1.1g

## 鶏むね肉を包む

・鶏むね肉（皮なし）…… 1/2枚（150g）
・酒 …… 小さじ1
・しょうが（チューブ）…… 2cm

クッキングシート上で鶏肉を
幅2cmの棒状に切り、酒、しょうがを
加えて包む。

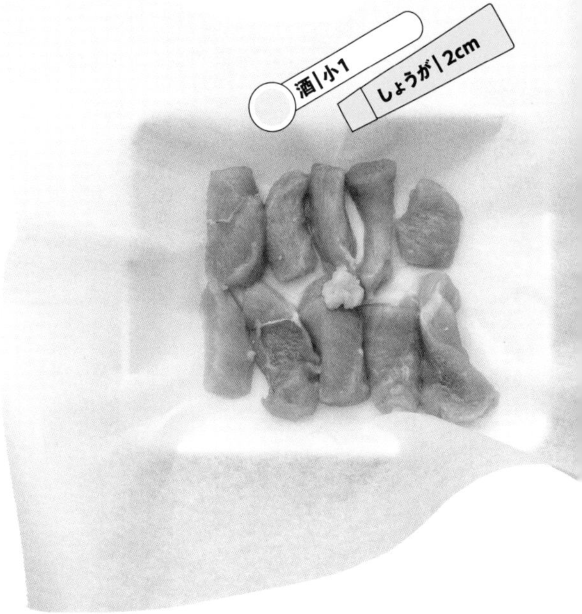


## フライパンで蒸す

・砂糖 …… 小さじ1
・しょうゆ …… 小さじ1
・七味唐辛子 …… 少々
・ごま油 …… 小さじ1/4
・カット青ねぎ …… 適量

フライパンに包みを入れ、水1カップ（200ml）
を注ぎ、ふたをして中火で8分加熱する。
その間に、ボウルに砂糖、しょうゆ、七味唐辛子、
ごま油、青ねぎを入れて混ぜ、たれを作る。
包みを取り出し、器に盛ってたれをかける。

いちおしサブおかず
にらの塩こしょう蒸し ▸▸ p103

ささみ

塩小さじ1/4だけで、うまみしっかり。
キッチンバサミも使わない超スピード調理！

エネルギー 120kcal
たんぱく質24.5g
糖質1.7g　塩分1.6g

# サラダチキン

## ささみを包む

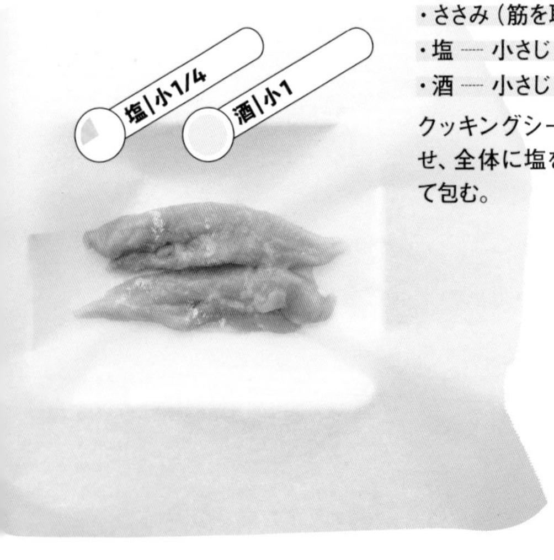


・ささみ（筋を取る）…… 2本
・塩 …… 小さじ1/4
・酒 …… 小さじ1

クッキングシートにささみをのせ、全体に塩をふり、酒を加えて包む。

## フライパンで蒸す

・リーフレタス …… 適量

フライパンに包みを入れ、水1カップ（200ml）を注ぎ、ふたをして中火で8分加熱する。
その間に、レタスをちぎって器に盛る。包みを取り出して開き、ささみの粗熱がとれたら手で裂いて、レタスにのせる。

いちおしサブおかず
きのこオムレツ ▸▸ p104

キャベツはちぎってのせるだけ！
蒸し野菜の甘さにしょうがの香りをきかせて。

エネルギー 128kcal
たんぱく質24.6g
糖質3.7g　塩分0.8g

# ささみとキャベツのしょうが蒸し

## ささみを包む

・ささみ（筋を取る）…… 2本
・キャベツ（1/4カット）
　…… 2〜3枚
・鶏がらスープの素（顆粒）
　…… 小さじ1/2
・酒 …… 小さじ1
・しょうが（チューブ）…… 1cm

クッキングシート上でささみを4等分に切り、キャベツを2〜3cm角にちぎって重ね、鶏がらスープの素、酒、しょうがを加えて包む。

## フライパンで蒸す

・あらびき黒こしょう …… 少々

フライパンに包みを入れ、水1カップ（200ml）を注ぎ、ふたをして中火で8分加熱する。
包みを取り出して全体を混ぜ、器に盛って黒こしょうをふる。

いちおしサブおかず
きのこのガーリックバター蒸し ▶▶ p105

鶏もも肉

蒸せば、もも肉の油っぽさもダウン!
腹ペコの日にぴったりなボリュームおかず。

# ピリ辛チキン

エネルギー 386kcal
たんぱく質26.4g
糖質13.5g　塩分3.6g

## 鶏もも肉を包む

・鶏もも肉 …… 1/2枚（150g）
・片栗粉 …… 小さじ1
・砂糖 …… 大さじ1
・しょうゆ …… 大さじ1
・鶏がらスープの素（顆粒）…… 小さじ1/2

クッキングシート上で鶏肉を一口大に切り、片栗粉をまぶす。砂糖、しょうゆ、鶏がらスープの素を加えて包む。

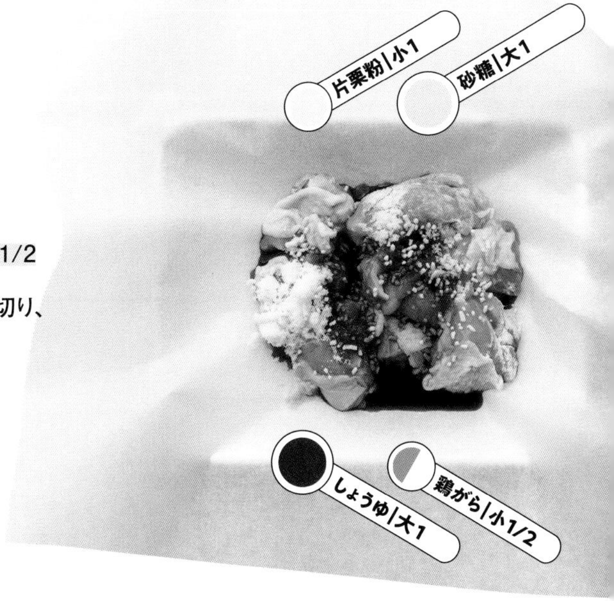


## フライパンで蒸す

・ごま油 …… 小さじ1/2
・七味唐辛子 …… 少々

フライパンに包みを入れ、水1カップ（200ml）を注ぎ、ふたをして中火で8分加熱する。包みを取り出して全体を混ぜ、ごま油、七味唐辛子を加えて再び混ぜ、器に盛る。

いちおしサブおかず
ブロッコリーとチーズのオイル蒸し ▸▸ p92

照り照り甘辛味もヘルシーに♥
砂糖としょうゆが大さじ1の覚えやすい割合。

エネルギー 371kcal
たんぱく質26.9g
糖質14.0g　塩分2.9g

# 鶏ももの照り煮

## 鶏もも肉を包む

・鶏もも肉 …… 1/2枚（150g）
・片栗粉 …… 小さじ1
・砂糖 …… 大さじ1
・しょうゆ …… 大さじ1

クッキングシート上で鶏肉を一口大に切り、片栗粉をまぶし、砂糖、しょうゆを加えて包む。

## フライパンで蒸す

・リーフレタス …… 1枚

フライパンに包みを入れ、水1カップ（200ml）を注ぎ、ふたをして中火で８分加熱する。
包みを取り出して全体を混ぜ、器に盛り、リーフレタスを添える。

いちおしサブおかず
白和えもどき ▸▸ p111

さわやかな酸味が食欲をそそる一品。
お好みで、酢をさらにかけても◎

エネルギー 368kcal
たんぱく質26.3g
糖質13.3g　塩分2.9g

# 鶏もものさっぱり煮

## 鶏もも肉を包む

- 鶏もも肉 …… 1/2枚（150g）
- 片栗粉 …… 小さじ1
- 砂糖 …… 大さじ1
- しょうゆ …… 大さじ1
- 酢 …… 大さじ1/2

クッキングシート上で鶏肉を一口大に切り、片栗粉をまぶし、砂糖、しょうゆ、酢を加えて包む。

## フライパンで蒸す

- カット青ねぎ …… 適量

フライパンに包みを入れ、水1カップ（200ml）を注ぎ、ふたをして中火で8分加熱する。
包みを取り出して全体を混ぜ、器に盛って青ねぎをのせる。

いちおしサブおかず
小松菜と桜えびの中華煮 ▸▸ p101

脂が少ない「むねひき肉」。
とろりん卵で、居酒屋気分♪

エネルギー 284kcal
たんぱく質19.6g
糖質7.5g　塩分2.7g

# 鶏つくね

## 鶏ひき肉をこねる

・鶏ひき肉（むね肉）
　…… 大さじ8（80g）
・片栗粉 …… 小さじ1/2
・しょうが（チューブ）…… 2cm
・カット青ねぎ …… 少々

ボウルにひき肉、片栗粉、しょうが、青ねぎを入れ、しっかりこねて肉だねを作る。

## 肉だねを包む

・砂糖 …… 大さじ1/2
・しょうゆ …… 大さじ1

クッキングシートに肉だねをドーナツ状にのせ、砂糖、しょうゆを加えて包む。

## フライパンで蒸す

・卵黄 …… 1個分

フライパンに包みを入れ、水1カップ（200ml）を注ぎ、ふたをして中火で8分加熱する。
包みを取り出して器に盛り、中心に卵黄をのせる。

Point

小さな器に卵を割り入れ、スプーンで卵黄だけをすくいとる。

いちおしサブおかず
ピーマンとにんじんのごま和え ▸▸ p102

蒸したレタスがしゃきしゃきおいしい!
どんどん重ねるだけでOK。

# レタスと鶏ひき肉の重ね蒸し

## 鶏ひき肉を包む

- 鶏ひき肉（むね肉）
  ····· 大さじ8（80g）
- レタス（1/2カット） ····· 2枚
- しょうが（チューブ）
  ····· 3cm
- 鶏がらスープの素（顆粒）
  ····· 小さじ1/2
- 塩こしょう ····· 少々

クッキングシートにレタスを1枚のせ、その上にひき肉を薄く重ねる。
しょうがを塗り、鶏がらスープの素と塩こしょうをかける。もう1枚のレタスをひき肉にのせて包む。

## フライパンで蒸す

フライパンに包みを入れ、水1カップ（200ml）を注ぎ、ふたをして中火で8分加熱する。
包みを取り出して半分に切り、器に盛る。

いちおしサブおかず
小松菜と厚揚げのごまみそ和え ▸▸ p100

エネルギー 160kcal
たんぱく質14.4g
糖質2.4g　塩分1.5g

豚こま切れ肉

煮込みいらずがうれしい、なんちゃって角煮。
フライパンに卵を投入し、ゆで卵も同時調理！

# 豚こまの角煮風

エネルギー 328kcal
たんぱく質26.1g
糖質7.6g　塩分2.9g

## 豚こま切れ肉を包む

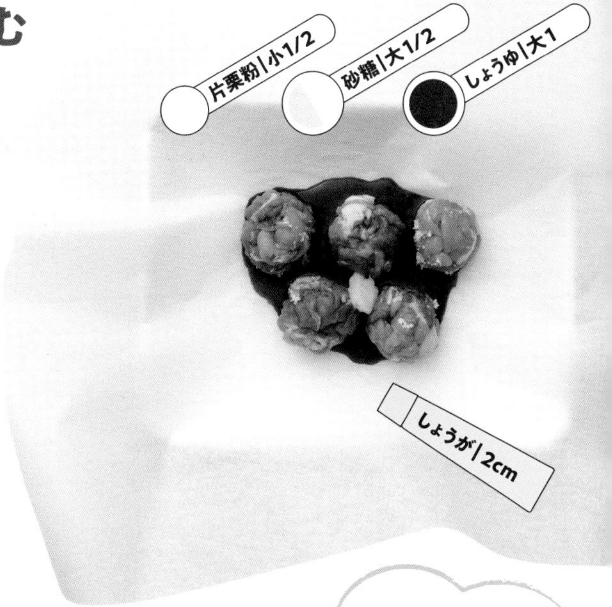


- 豚こま切れ肉 …… 100g（p120参照）
- 片栗粉 …… 小さじ1/2
- 砂糖 …… 大さじ1/2
- しょうゆ …… 大さじ1
- しょうが（チューブ）…… 2cm

クッキングシート上で豚肉に
片栗粉をまぶし、5等分にして丸め、
間隔を空けて置く。
砂糖、しょうゆ、しょうがを加えて包む。

## フライパンで蒸す

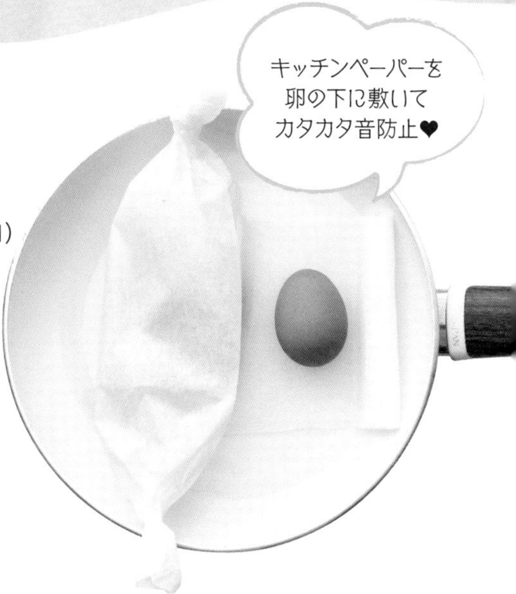


- 卵 …… 1個

フライパンに包みと卵を入れ、水1カップ（200ml）
を注ぎ、ふたをして中火で8分加熱する。
包みを取り出して全体を混ぜ、器に盛る。
卵は冷水にとって殻をむき、
半分に切って器に盛る。

いちおしサブおかず
小松菜と桜えびの中華煮 ▸▸ p101

少量のバターで香りがリッチに！
カットいらずのこま切れ肉で、手早く洋食屋さんの味。

エネルギー 305kcal
たんぱく質20.5g
糖質11.8g　塩分1.9g

# ポークチャップ

## 豚こま切れ肉を包む

- 豚こま切れ肉
  …… 100g（p120参照）
- しめじ …… 1/2パック（50g）
- ケチャップ …… 大さじ2
- コンソメスープの素（顆粒）
  …… 小さじ1/2
- バター …… 5g

クッキングシートに豚肉を広げ、石づきを取ってほぐしたしめじをのせる。
ケチャップ、コンソメスープの素、バターを加えて包む。

## フライパンで蒸す

- 乾燥パセリ …… 適量

フライパンに包みを入れ、水1カップ（200ml）を注ぎ、ふたをして中火で8分加熱する。
包みを取り出して全体を混ぜ、器に盛ってパセリをふる。

いちおしサブおかず
ほうれん草のココット ▸▸ p110

# 豚こまのねぎ塩蒸し

蒸した長ねぎのやさしい甘さがたまらない！

長ねぎの青い部分で
味も彩りもアップ♪

エネルギー 229kcal
たんぱく質19.0g
糖質3.4g　塩分1.8g

## 豚こま切れ肉を包む

- 豚こま切れ肉 …… 100g（p120参照）
- 長ねぎ …… 1/3本
- 鶏がらスープの素（顆粒）…… 小さじ1/2
- 塩 …… ひとつまみ

クッキングシートに豚肉を広げ、長ねぎを幅1㎝に切ってのせ、鶏がらスープの素、塩を加えて包む。

## フライパンで蒸す

フライパンに包みを入れ、水1カップ（200ml）を注ぎ、ふたをして中火で8分加熱する。
包みを取り出して全体を混ぜ、器に盛る。

いちおしサブおかず
もやしのカレーマヨ和え ▸▸ p97

# 豚こまと白菜煮

白だしで簡単！ 黒こしょうで味を引き締めて。

エネルギー 230kcal
たんぱく質19.4g
糖質3.5g　塩分1.7g

## 豚こま切れ肉を包む

- 豚こま切れ肉 …… 100g（p120参照）
- 白菜（1/4カット）…… 1枚
- 白だし …… 大さじ1
- しょうが（チューブ）…… 2㎝

クッキングシートに豚肉を広げ、白菜を幅1㎝に切ってのせ、白だし、しょうがを加えて包む。

## フライパンで蒸す

- あらびき黒こしょう …… 適量

フライパンに包みを入れ、水1カップ（200ml）を注ぎ、ふたをして中火で8分加熱する。
包みを取り出して全体を混ぜ、器に盛って黒こしょうをふる。

いちおしサブおかず
にんじんマリネ ▸▸ p95

合いびき肉

絶対作って！ 面倒なことナシ、ひき肉だけの
超絶簡単ふっくらバーグできました♥

# ハンバーグ

エネルギー 366kcal
たんぱく質18.1g
糖質15.0g　塩分2.2g

## ひき肉をこねる

・合いびき肉 …… 大さじ10（100ｇ）
・マヨネーズ …… 大さじ1/2
・片栗粉 …… 小さじ1/2
・塩こしょう …… 少々

ボウルにひき肉を入れ、マヨネーズ、
片栗粉、塩こしょうを加えて
しっかりとこねる。

## 肉だねを丸めて包む

・ケチャップ …… 大さじ1と1/2
・中濃ソース …… 大さじ1/2
・砂糖 …… 小さじ1

肉だねを半量ずつ丸め、厚さ1cmほどの
丸形にし、中心を指でへこませて
クッキングシートにのせる。
ケチャップ、ソース、砂糖を加えて包む。

## フライパンで蒸す

・リーフレタス、きゅうり、トマト …… 各適量

フライパンに包みを入れ、水1カップ（200ml）を
注ぎ、ふたをして中火で８分加熱する。
包みを取り出してスプーンなどでハンバーグの
上下を返し、器に盛る。
リーフレタス、きゅうり、トマトを添える。

いちおしサブおかず
もやしのカレーマヨ和え
▸▸ p97

ルー不要！ 包んで蒸して混ぜるだけ！
カレー粉でスパイシーな仕上がりに。

エネルギー 306kcal
たんぱく質19.4g
糖質9.9g　塩分0.9g
（リーフレタス、ごはんを除く）

# ドライカレー

## ひき肉を包む

- 合いびき肉 …… 大さじ10（100ｇ）
- コンソメスープの素（顆粒）…… 小さじ1/2
- カレー粉 …… 小さじ1
- にんにく（チューブ）…… 1cm
- しょうが（チューブ）…… 1cm
- 冷凍ミックスベジタブル …… 大さじ5

クッキングシートにひき肉を広げ、コンソメスープの素、カレー粉、にんにく、しょうがを加えて、冷凍ミックスベジタブルをのせて包む。

## フライパンで蒸す

- 温かいごはん、リーフレタス …… 各適量

フライパンに包みを入れ、水1カップ（200ml）を注ぎ、ふたをして中火で８分加熱する。
包みを取り出して全体を混ぜ、器に盛る。ごはん、リーフレタスを添える。

いちおしサブおかず
ささみとほうれん草のさっぱり蒸し ▸▸ p111

にんにく風味のお肉があと引くうまさ♥

# ピリ辛そぼろのレタス包み

## ひき肉を包む

・合いびき肉 …… 大さじ10（100ｇ）
・砂糖 …… 大さじ1/2
・しょうゆ …… 大さじ1
・にんにく（チューブ）…… 1㎝

クッキングシートにひき肉を広げ、砂糖、しょうゆ、にんにくを加え、軽く混ぜて包む。

## フライパンで蒸す

・七味唐辛子 …… 小さじ1/2
・レタス（1/2カット）…… 2枚

フライパンに包みを入れ、水1カップ（200ml）を注ぎ、ふたをして中火で8分加熱する。
包みを取り出して七味唐辛子を加え、ひき肉をほぐし、食べやすい大きさにちぎったレタスにのせて器に盛る。

いちおしサブおかず
もやしとささみの麺つゆバター ▶▶ p96

エネルギー 296kcal
たんぱく質19.3g
糖質8.3g　塩分2.8g

発酵食材のみそは、やせごはんの味方。

# ひき肉とブロッコリーのみそ煮

## ひき肉を包む

・合いびき肉 …… 大さじ5（50g）
・砂糖 …… 大さじ1/2
・みそ …… 大さじ1弱
・ブロッコリー …… 1カップ（約50g）

クッキングシートにひき肉、砂糖、みそを入れて軽く混ぜ、ブロッコリーを小房に分けて加えて包む。

## フライパンで蒸す

フライパンに包みを入れ、水1カップ（200ml）を注ぎ、ふたをして中火で8分加熱する。
包みを取り出して全体を混ぜ、器に盛る。

いちおしサブおかず
にら玉 ▶▶ p103

エネルギー 190kcal
たんぱく質12.8g
糖質10.5g　塩分2.0g

もともと味がついている塩鮭だから調味料は不要。
余熱でとろけたチーズがコクうま！

# 鮭ときのこのチーズ蒸し

エネルギー 246kcal
たんぱく質25.6g
糖質1.8g　塩分2.1g

# 鮭を包む

・塩鮭 …… 1切れ
・しめじ …… 1/2パック（50g）

クッキングシートに鮭、石づきを
取ってほぐしたしめじをのせて包む。

# フライパンで蒸す

・とろけるスライスチーズ …… 1枚
・乾燥パセリ …… 少々

フライパンに包みを入れ、水1カップ（200ml）
を注ぎ、ふたをして中火で8分加熱する。
包みを取り出して器に盛り、温かいうちに
チーズをのせて、パセリを散らす。

蒸し上がったら
チーズ 1枚 ＋ パセリ｜少々
プラスして♪

いちおしサブおかず
ピーマンとにんじんのごま和え ▶▶ p102

「包み蒸し」なら、魚調理の後片づけもカンタン！
みそバターをたっぷりからめていただきます。

エネルギー 277kcal
たんぱく質21.6g
糖質3.9g　塩分2.5g

# 鮭のちゃんちゃん蒸し

## 鮭を包む

・塩鮭 ┈ 1切れ
・キャベツ（1/4カット）
┈ 2～3枚
・バター ┈ 10ｇ
・みそ ┈ 小さじ1

クッキングシートに鮭をのせ、キャベツを3～4㎝角にちぎって加え、バター、みそをのせて包む。

## フライパンで蒸す

フライパンに包みを入れ、水1カップ（200ml）を注ぎ、ふたをして中火で8分加熱する。
包みを取り出して全体を混ぜ、器に盛る。

いちおしサブおかず
わかめとえのきのナムル ▸▸ p108

蒸すと、小松菜のえぐみが減って食べやすい。
調味料はにんにくだけのお手軽レシピ♪

エネルギー 187kcal
たんぱく質21.0g
糖質1.5g　塩分1.7g

# 鮭と小松菜のガーリック蒸し

## 鮭を包む

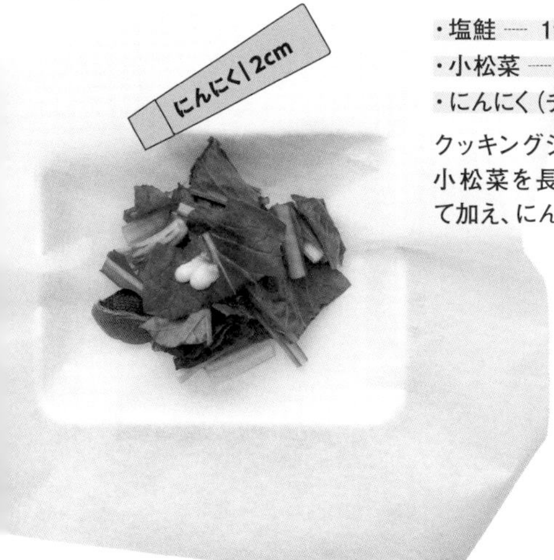


・塩鮭 …… 1切れ
・小松菜 …… 小1株
・にんにく（チューブ） …… 2cm

クッキングシートに鮭をのせ、小松菜を長さ3～4cmに切って加え、にんにくをのせて包む。

## フライパンで蒸す

フライパンに包みを入れ、水1カップ（200ml）を注ぎ、ふたをして中火で8分加熱する。
包みを取り出し、小松菜とにんにくを混ぜ、器に盛る。

いちおしサブおかず
きのこのツナマヨ七味 ▸▸ p105

ぶり

甘じょっぱさが懐かしい母の味。
火加減が難しい煮魚も、これならカンタン！

エネルギー 322kcal
たんぱく質23.7g
糖質13.8g　塩分2.7g

# ぶりとにらの甘辛煮

## ぶりを包む

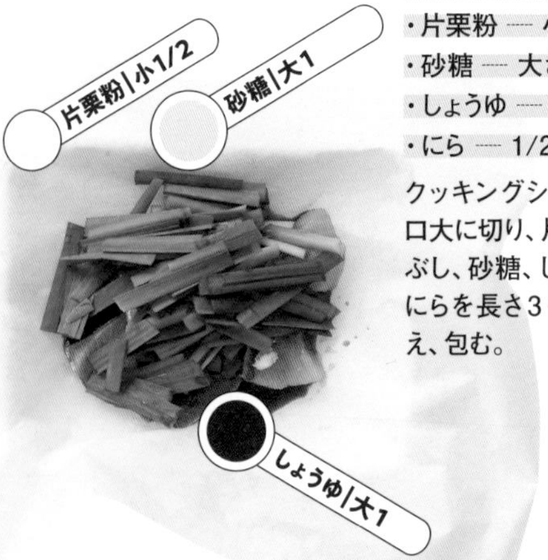


・ぶり ---- 1切れ
・片栗粉 ---- 小さじ1/2
・砂糖 ---- 大さじ1
・しょうゆ ---- 大さじ1
・にら ---- 1/2束

クッキングシート上でぶりを一口大に切り、片栗粉を全体にまぶし、砂糖、しょうゆを加える。にらを長さ3～4㎝に切って加え、包む。

## フライパンで蒸す

フライパンに包みを入れ、水1カップ（200ml）を注ぎ、ふたをして中火で8分加熱する。
包みを取り出し、全体を混ぜ、器に盛る。

残った にらはセルフ冷凍野菜（p122）に！

いちおしサブおかず
きのこオムレツ ▸▸ p104

# ぶりのガーリックマヨ

## ぶりを包む

・ぶり …… 1切れ

クッキングシート上でぶりを一口大に切り、包む。

## フライパンで蒸す

・マヨネーズ …… 大さじ1
・にんにく（チューブ）…… 2cm
・カット青ねぎ …… 適量

フライパンに包みを入れ、水1カップ（200ml）を注ぎ、ふたをして中火で8分加熱する。
包みを取り出してマヨネーズ、にんにくを加え、全体を混ぜて器に盛り、青ねぎをのせる。

いちおしサブおかず

小松菜と桜えびの中華煮
▸▸ p101

# ぶりともやしのバターしょうゆ蒸し

## ぶりを包む

・ぶり …… 1切れ
・もやし …… 1/2袋
・しょうゆ …… 大さじ1/2
・バター …… 5g

クッキングシートにもやし、ぶりの順にのせ、しょうゆ、バターを加えて包む。

## フライパンで蒸す

フライパンに包みを入れ、水1カップ（200ml）を注ぎ、ふたをして中火で8分加熱する。
包みを取り出して全体をそっと混ぜ、器に盛る。

いちおしサブおかず

長ねぎののり和え ▸▸ p106

たら

淡泊なたらにキムチのうまみをプラス！
後かけごま油で風味をよくします。

エネルギー 115kcal
たんぱく質18.8g
糖質4.1g　塩分1.4g

# たらのキムチ蒸し

## たらを包む

・たら …… 1切れ
・キムチ …… 1/4カップ（50ｇ）

クッキングシートにたら、キムチの順にのせて包む。

## フライパンで蒸す

・ごま油 …… 小さじ1/4

フライパンに包みを入れ、水1カップ（200ml）を注ぎ、ふたをして中火で８分加熱する。
包みを取り出してごま油を加え、器に盛る。

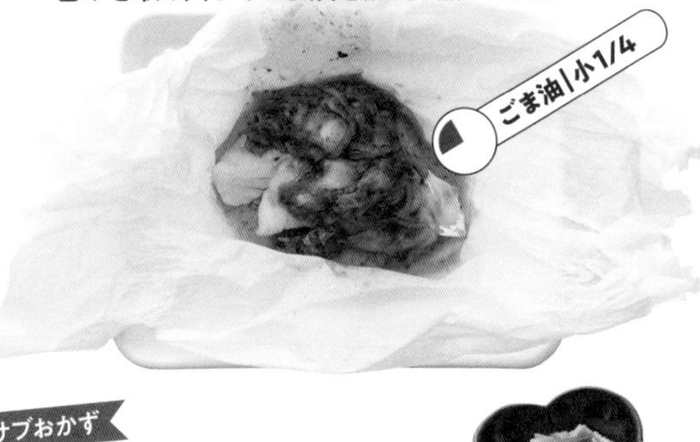


いちおしサブおかず
小松菜と厚揚げのごまみそ和え ▸▸ p100

さっぱりたらにチーズでコクを足して。
カンタン自炊で、ビストロ気分が味わえる！

エネルギー 148kcal
たんぱく質21.7g
糖質1.2g　塩分1.5g

# たらのコンソメチーズ蒸し

## たらを包む

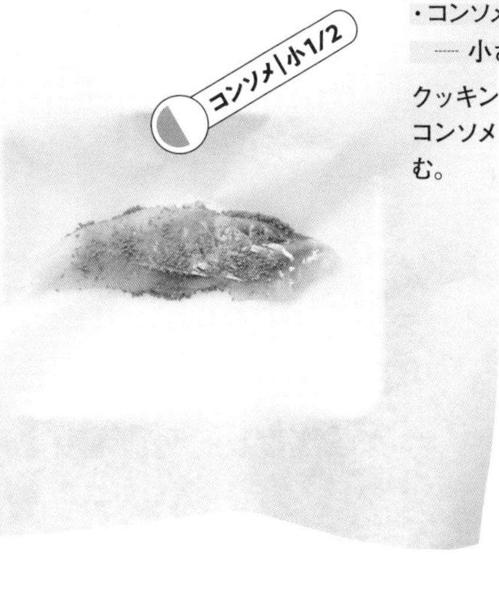


・たら …… 1切れ
・コンソメスープの素（顆粒）
…… 小さじ1/2

クッキングシートにたらをのせ、コンソメスープの素を加えて包む。

## フライパンで蒸す

・とろけるスライスチーズ
…… 1枚
・あらびき黒こしょう …… 少々

フライパンに包みを入れ、水1カップ（200ml）を注ぎ、ふたをして中火で8分加熱する。
包みを取り出して器に盛り、温かいうちにチーズをのせ、黒こしょうをふる。

いちおしサブおかず
蒸しキャベツのサラダ ▸▸ p99

## むきえび

むきえび使用でえび料理のハードルを低く！
オリーブオイルでアヒージョ風の一皿に。

エネルギー 197kcal
たんぱく質16.1g
糖質3.6g　塩分1.3g

# えびとミニトマトのガーリックオイル蒸し

## えびを包む

・むきえび …… 1/2カップ（80g）
・ミニトマト（ヘタを取る）
…… 4個
・オリーブオイル …… 大さじ1
・にんにく（チューブ）…… 2cm
・塩 …… ひとつまみ

クッキングシートにむきえびとミニトマトをのせ、オリーブオイル、にんにく、塩を加えて包む。

## フライパンで蒸す

フライパンに包みを入れ、水1カップ（200ml）を注ぎ、ふたをして中火で8分加熱する。
包みを取り出して全体を混ぜ、器に盛る。

いちおしサブおかず
蒸しキャベツのサラダ ▸▸ p99

# えびのケチャップ煮

プリプリえびとしゃっきりねぎの食感が◎

エネルギー 104kcal
たんぱく質16.4g
糖質7.9g　塩分1.1g

## えびを包む

・むきえび …… 1/2カップ（80g）
・長ねぎ …… 1/4本
・ケチャップ …… 大さじ1
・しょうが（チューブ）…… 1cm
・鶏がらスープの素（顆粒）…… 小さじ1/4

クッキングシートにむきえびをのせ、長ねぎを幅1cmの斜め切りにして入れ、ケチャップ、しょうが、鶏がらスープの素を加えて包む。

## フライパンで蒸す

フライパンに包みを入れ、水1カップ（200ml）を注ぎ、ふたをして中火で8分加熱する。
包みを取り出して全体を混ぜ、器に盛る。

いちおしサブおかず
にら玉 ▸▸ p103

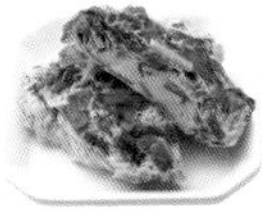

# えびとブロッコリーのサラダ

彩りばっちり♪ マヨのコクで「食べた感」も。

エネルギー 192kcal
たんぱく質18.1g
糖質3.9g　塩分1.3g

## えびを包む

・むきえび …… 1/2カップ（80g）
・ブロッコリー …… 1カップ（50g）
・塩こしょう …… 少々

クッキングシートにむきえびをのせ、ブロッコリーを小房に分けて加え、塩こしょうをふって包む。

## フライパンで蒸す

・マヨネーズ …… 大さじ1

フライパンに包みを入れ、水1カップ（200ml）を注ぎ、ふたをして中火で8分加熱する。
包みを取り出してマヨネーズを加え、全体を混ぜ、器に盛る。

いちおしサブおかず
ほうれん草のココット ▸▸ p110

冷凍シーフードミックス

とろみづけで失敗しがちな人におすすめ！
片栗粉をまぶして蒸すだけで、あんがとろ～り。

エネルギー71kcal
たんぱく質11.2g
糖質4.9g　塩分1.3g

# 八宝菜風

## シーフードミックスを包む

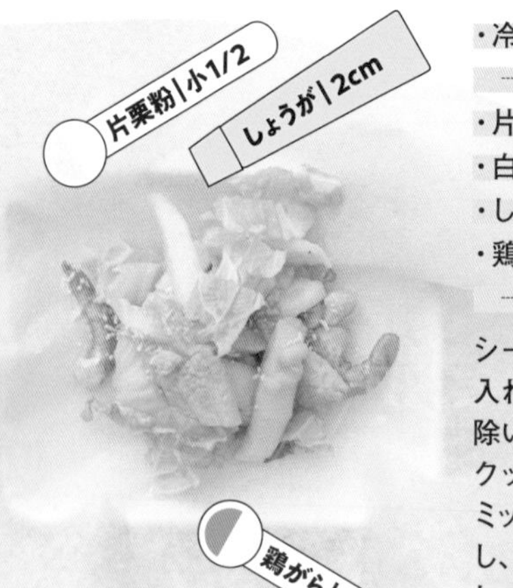


・冷凍シーフードミックス
　…… 1カップ（100g）
・片栗粉 …… 小さじ1/2
・白菜（1/4カット）…… 1枚
・しょうが（チューブ）…… 2㎝
・鶏がらスープの素（顆粒）
　…… 小さじ1/2

シーフードミックスをボウルに入れて水にさらし、表面の氷を除いて臭みを取る。
クッキングシートにシーフードミックスをのせて片栗粉をまぶし、白菜を幅1㎝に切って加え、しょうが、鶏がらスープの素を加えて包む。

## フライパンで蒸す

フライパンに包みを入れ、水1カップ（200ml）を注ぎ、ふたをして中火で8分加熱する。
包みを取り出して全体を混ぜ、器に盛る。

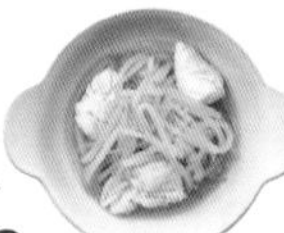

いちおしサブおかず
もやしとささみの麺つゆバター ▸▸ p96

洗って臭みを取るのがおいしさのコツ。

# シーフードミックスの塩レモン蒸し

## シーフードミックスを包む

- 冷凍シーフードミックス …… 1カップ（100ｇ）
- レモン果汁 …… 小さじ1
- 塩 …… ひとつまみ

シーフードミックスをボウルに入れて水にさらし、表面の氷を除いて臭みを取る。
クッキングシートにシーフードミックスをのせ、レモン果汁、塩を加えて包む。

## フライパンで蒸す

- リーフレタス …… 1枚

フライパンに包みを入れ、水1カップ（200ml）を注ぎ、ふたをして中火で8分加熱する。
包みを取り出して全体を混ぜ、リーフレタスをちぎってのせた器に盛る。

いちおしサブおかず
小松菜と厚揚げのごまみそ和え ▸▸ p100

クッキングシートでスープも煮込める！

# シーフードミックスとほうれん草のミルクスープ

## シーフードミックスを包む

- 冷凍シーフードミックス …… 1カップ（100ｇ）
- 冷凍ほうれん草 …… ひとつかみ（20ｇ）
- 牛乳 …… 1/2カップ（100ml）
- 片栗粉 …… 小さじ1
- コンソメスープの素（顆粒）…… 小さじ1/2

シーフードミックスをボウルに入れて水にさらし、表面の氷を除いて臭みを取る。
クッキングシートにシーフードミックスをのせ、片栗粉を全体にまぶす。シートの両端をねじって器型にし、残りの材料をすべて加えて、軽く混ぜる。

## フライパンで蒸す

フライパンに包みを入れ、水1カップ（200ml）を注ぎ、ふたをして中火で8分加熱する。
包みを取り出して片栗粉がダマにならないようしっかりと混ぜ、器に盛る。

いちおしサブおかず
きのこオムレツ ▸▸ p104

エネルギー 63kcal
たんぱく質11.3ｇ
糖質3.0g　塩分1.6g

エネルギー 141kcal
たんぱく質14.7g
糖質9.8g　塩分1.4g

買い置きの納豆と卵を蒸して、しっとりふんわり。
焼き油不要で、オムレツよりヘルシーです。

エネルギー 216kcal
たんぱく質17.9g
糖質4.3g　塩分1.1g

# 納豆卵

## 卵液を型に流し入れる

- 卵 …… 2個
- 納豆 …… 小1パック（30g）
- 納豆のたれ …… 1袋

ボウルに卵を割りほぐし、納豆とたれを加えて混ぜ、あらかじめ両端をねじったクッキングシートの型に流し入れる。

## フライパンで蒸す

フライパンに包みを入れ、水1カップ（200ml）を注ぎ、ふたをして中火で8分加熱する。
包みを取り出し、食べやすい大きさに切って、器に盛る。

いちおしサブおかず
ブロッコリーとじゃこのしょうが蒸し ▸▸ p93

# 卵豆腐

## 卵液を型に流し入れる

・卵 …… 1個
・水 …… 1/2カップ（100ml）
・白だし …… 大さじ1

ボウルに材料をすべて加えて混ぜ、あらかじめ両端をねじったクッキングシートの型に流し入れる。

## フライパンで蒸す

フライパンに包みを入れ、水1カップ（200ml）を注ぎ、ふたをして中火で8分加熱する。
包みを取り出し、器に盛る。

いちおしサブおかず
ピーマンと豚ひき肉のおかか和え ▸▸ p102

おだしが染みた、明石焼き風ほわほわ卵。

エネルギー 83kcal
たんぱく質6.6g
糖質1.5g　塩分1.8g

# 麺つゆ卵

## フライパンで蒸す

・卵 …… 3個
・麺つゆ（ストレート） …… 1/2カップ（100ml）

フライパンに卵を入れ、水1カップ（200ml）を注ぎ、ふたをして中火で8分加熱する。
冷水にとって殻をむき、麺つゆに一晩漬ける。

冷蔵で2日間ほど保存できます！

いちおしサブおかず
にらの塩こしょう蒸し ▸▸ p103

何もないときの強～い味方が常備菜！

エネルギー 271kcal
たんぱく質20.7g
糖質9.2g　塩分3.9g

# マネするだけの2品献立

フライパン1つで、2品同時調理できるのが超便利な包み蒸し。
1品作るのに慣れてきたら、ぜひ2品献立に挑戦してみて。
「何と何を組み合わせればいいの?」と悩まないよう、
1章のメインと4章のサブを組み合わせた
ワンプレートごはんを紹介します!

ひき肉とブロッコリーのみそ煮（p41）×にら玉（p103）
ひき肉メインに卵を添えて、たんぱく質たっぷり!

イタリアンチキン（p20）× にんじんサラダ（p95）
こってりチーズ×さっぱり酸味は最強コンビ!

納豆卵（p54）×ブロッコリーとじゃこのしょうが蒸し（p93）
鮮やかグリーンのサブおかずで彩りプラス

ポークチャップ（p36）×ほうれん草のココット（p110）
メインとサブどちらも洋風で味に統一感

# Part 2

# 加工食品で<br>ラク早おかず25

さば缶や豆腐など

リーズナブルで保存しやすい加工食品を使った、

自炊初心者でもパパッと作れるおいしいおかずを考えました。

加工食品を常備しておけば、

買い物に行けない日もヘルシーごはんが完成!

さば缶

缶汁も捨てずに使ってムダのない一皿。
バゲットなどハード系のパンがよく合います。

エネルギー 308kcal
たんぱく質20.5g
糖質4.2g　塩分1.6g

# さば缶アクアパッツァ

## さばを包む ••••••••••••••••••••••••••••> フライパンで蒸す

・さば缶（水煮）…… 1/2缶
（汁も1/2缶分使う）
・ミニトマト（ヘタを取る）
…… 5個
・オリーブオイル …… 大さじ1
・にんにく（チューブ）…… 2cm
・塩こしょう …… 少々

クッキングシートにすべての材料をのせて包む。

### フライパンで蒸す

フライパンに包みを入れ、水1カップ（200ml）を注ぎ、ふたをして中火で8分加熱する。
包みを取り出して全体を混ぜ、器に盛る。

いちおしサブおかず

きのこオムレツ ▸▸ p104

ピーマンの中にさばのうまみがぎゅっ!
ころんとしたフォルムでテーブルを愛らしく。

エネルギー 250kcal
たんぱく質24.4g
糖質2.5g　塩分1.4g

# ピーマンのさば缶詰め

## さばを包む

・さば缶（水煮）…… 1/2缶
・ピーマン …… 1個

クッキングシートに4等分の輪切りにしてヘタと種を除いたピーマンを並べ、さば缶をスプーンですくって詰めて包む。

## フライパンで蒸す

・とろけるスライスチーズ …… 1枚
・あらびき黒こしょう …… 少々

フライパンに包みを入れ、水1カップ（200ml）を注ぎ、ふたをして中火で8分加熱する。
包みを取り出して器に盛り、チーズを4つに切ってのせ、黒こしょうをふる。

いちおしサブおかず
長ねぎとじゃこの
オイル蒸し ▸▸ p107

ツナの塩気で野菜もたっぷり食べられる。
缶詰の塩気があるから塩は最小限に。

エネルギー 110kcal
たんぱく質7.4g
糖質1.2g　塩分1.3g

# ツナと小松菜の塩蒸し

## ツナを包む

塩|少々

・小松菜 …… 1株
・ツナ缶（オイル漬け）
…… 1/2缶（35g）
・塩 …… 少々

クッキングシート上で小松菜を長さ3㎝に切り、ツナを加え、塩をふって包む。

## フライパンで蒸す

フライパンに包みを入れ、水1カップ（200㎖）を注ぎ、ふたをして中火で8分加熱する。
包みを取り出して全体を混ぜ、器に盛る。

いちおしサブおかず
もやしのカレーマヨ和え
▸▸ p97

ごま油は最後に入れるのがポイント。
少量でも香りが立ち、油の使いすぎを防ぎます。

エネルギー 156kcal
たんぱく質7.7g
糖質3.9g　塩分1.0g

# ツナとオクラのナムル

## ツナを包む

・オクラ（ヘタを取る）…… 4本
・鶏がらスープの素（顆粒）…… 小さじ1/2

クッキングシート上でオクラを長さ半分に切り、鶏がらスープの素を加えて包む。

## フライパンで蒸す

・ツナ缶（オイル漬け）…… 1/2缶（35g）
・ごま油 …… 小さじ1

フライパンに包みを入れ、水1カップ（200ml）を注ぎ、ふたをして中火で8分加熱する。
包みを取り出してツナとごま油を加え、全体を混ぜて器に盛る。

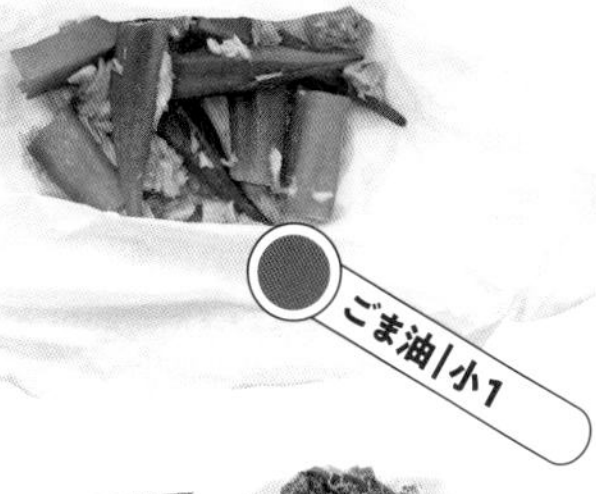


いちおしサブおかず
にら玉 ▸▸ p103

ドライパックがあれば豆料理も時短で◎
カレー粉で本場風カレーの完成です!

# 大豆とひき肉のカレー

エネルギー 223kcal
たんぱく質16.8g
糖質6.6g　塩分1.1g

## 大豆を包む

・大豆ドライパック
　…… 1袋（60g）
・合いびき肉 …… 大さじ5（50g）
・コンソメスープの素（顆粒）
　…… 小さじ1/2
・カレー粉 …… 小さじ1

クッキングシートにひき肉をのせ、コンソメスープの素、カレー粉を加えて軽く混ぜる。
ひき肉を平らに広げ、大豆をのせて包む。

## フライパンで蒸す

フライパンに包みを入れ、水1カップ（200ml）を注ぎ、ふたをして中火で8分加熱する。
包みを取り出して全体を混ぜ、器に盛る。

いちおしサブおかず
にんじんマリネ ▸▸ p95

さわやかレモン&ほっくり大豆の新しいおいしさ。
フランスの田舎料理をイメージしたレシピです。

# 大豆と鶏肉の塩レモン煮

エネルギー 290kcal
たんぱく質24.3g
糖質5.4g　塩分2.1g

## 大豆を包む

- 大豆ドライパック
  …… 1袋（60g）
- 鶏もも肉 …… 小1/2枚（100g）
- 塩 …… 小さじ1/4
- レモン果汁 …… 大さじ1/2

クッキングシート上で鶏肉を小さめに切って、全体に塩をふる。大豆、レモン果汁を加えて包む。

## フライパンで蒸す

- 乾燥パセリ …… 適量

フライパンに包みを入れ、水1カップ（200ml）を注ぎ、ふたをして中火で8分加熱する。
包みを取り出して全体を混ぜ、器に盛ってパセリをふる。

いちおしサブおかず
ブロッコリーとチーズのオイル蒸し ▸▸ p92

トマト缶

一年じゅう安くておいしいトマト缶。
実が大きいホールなら食べごたえもアップ！

エネルギー 304kcal
たんぱく質23.7g
糖質6.2g　塩分1.9g

# 豚チーズトマト

## トマト缶を包む

・豚こま切れ肉 …… 100g（p120参照）
・とろけるスライスチーズ …… 1枚
・トマト缶（ホール） …… 1/4缶（100g）
・コンソメスープの素（顆粒） …… 小さじ1

クッキングシートに豚肉を広げ、チーズ、トマト缶、コンソメの順に加えて包む。

## フライパンで蒸す

・乾燥パセリ …… 適量

フライパンに包みを入れ、水1カップ（200ml）を注ぎ、ふたをして中火で８分加熱する。
包みを取り出して軽く混ぜ、器に盛ってパセリをふる。

残ったトマト缶は冷凍を。
p123を参考に♪

いちおしサブおかず
きのこオムレツ ▸▸ p104

ちょっと甘めな牛すきにトマトの酸味が合う!
濃厚な水煮トマトだから味がぼけません。

エネルギー 341kcal
たんぱく質20.2g
糖質11.3g　塩分3.5g

# トマトのすき煮

## トマト缶を包む

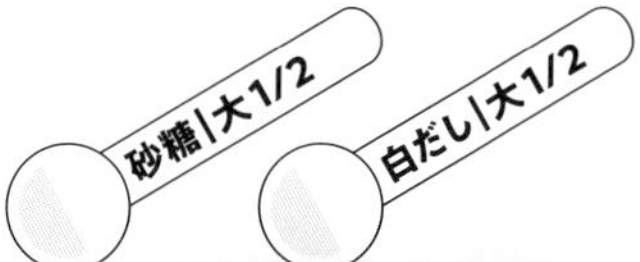


- 牛こま切れ肉 …… 100g
- トマト缶（ホール）
  …… 1/4缶（100g）
- 砂糖 …… 大さじ1/2
- 白だし …… 大さじ1/2
- しょうゆ …… 大さじ1

クッキングシートに牛肉を広げ、トマト缶、砂糖、白だし、しょうゆを加えて包む。

## フライパンで蒸す

フライパンに包みを入れ、水1カップ（200ml）を注ぎ、ふたをして中火で8分加熱する。
包みを取り出して全体を混ぜ、器に盛る。

いちおしサブおかず
和風ペペロンもやし ▸▸ p97

## 豆腐

豆腐は小パックを残さず使い切り！
キムチで味に深みを出したうま辛スープ。

# 豆腐とキムチのスープ

エネルギー 150kcal
たんぱく質12.2g
糖質7.6g　塩分2.7g

### クッキングシートの型に豆腐を入れる

- 木綿豆腐（3連パック）
 …… 1パック（150g）
- キムチ …… 1/4カップ（50g）
- 水 …… 1/2カップ（100ml）
- 鶏がらスープの素（顆粒）
 …… 小さじ1
- しょうゆ …… 小さじ1/4

あらかじめ両端をねじったクッキングシートの型に、豆腐をスプーンですくって入れ、残りの材料をすべて加えて包む。

### フライパンで蒸す

フライパンに包みを入れ、水1カップ（200ml）を注ぎ、ふたをして中火で８分加熱する。
包みを取り出して全体を軽く混ぜ、器に盛る。

いちおしサブおかず
長ねぎののり和え ▸▸ p106

牛肉のおいしさ吸って豆腐がごちそうに！

## 簡単肉豆腐

### 豆腐を包む

・木綿豆腐（3連パック）…… 1パック（150g）
・牛こま切れ肉 …… 50g
・砂糖 …… 大さじ1/2
・しょうゆ …… 大さじ1

クッキングシートに牛肉を広げ、豆腐をスプーンですくってのせ、砂糖、しょうゆを加えて包む。

### フライパンで蒸す

・カット青ねぎ …… 少々

フライパンに包みを入れ、水1カップ（200ml）を注ぎ、ふたをして中火で8分加熱する。
包みを取り出して全体を混ぜ、器に盛って青ねぎをのせる。

いちおしサブおかず
ピーマンとにんじんのごま和え ▸▸ p102

シャキシャキレタスとやわらか豆腐の絶妙コンビ。

## 豆腐とレタスの中華煮

### 豆腐を包む

・木綿豆腐（3連パック）…… 1パック（150g）
・レタス …… 1/4個
・片栗粉 …… 小さじ1/2
・鶏がらスープの素（顆粒）…… 小さじ1/2
・しょうが（チューブ）…… 1cm

クッキングシートに豆腐をスプーンですくってのせ、片栗粉をまぶす。
レタスをちぎって加え、鶏がらスープの素、しょうがを加えて包む。

### フライパンで蒸す

・あらびき黒こしょう …… 少々

フライパンに包みを入れ、水1カップ（200ml）を注ぎ、ふたをして中火で8分加熱する。
包みを取り出して全体を混ぜ、器に盛って黒こしょうをふる。

いちおしサブおかず
ブロッコリーとじゃこのしょうが蒸し ▸▸ p93

エネルギー 164kcal
たんぱく質12.8g
糖質2.3g　塩分0.7g

仕上げのかつおぶしで風味よく!
鶏がらスープの素で料理上手な本格味に。

# 厚揚げと小松菜のチャンプルー

## 厚揚げを包む

- 厚揚げ(6個入り) …… 3個(100g)
- 小松菜 …… 小1株
- 鶏がらスープの素(顆粒)
  …… 小さじ1/2

クッキングシート上で厚揚げを幅1cmに切り、小松菜を長さ3cmに切って重ねる。
鶏がらスープの素を加えて包む。

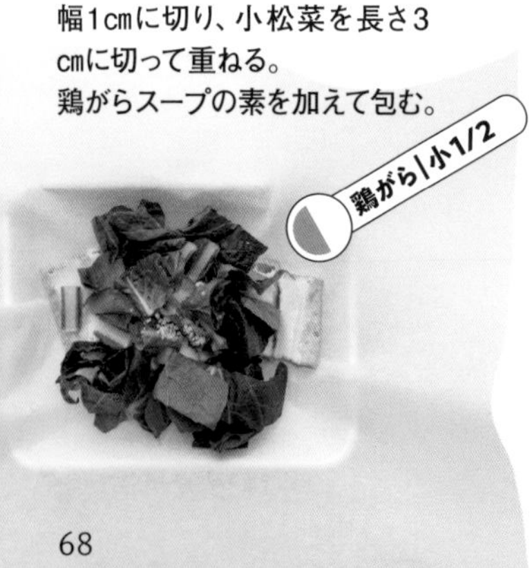


## フライパンで蒸す

- かつおぶし …… 1パック(2g)

フライパンに包みを入れ、水1カップ(200ml)を注ぎ、ふたをして中火で8分加熱する。
包みを取り出し、かつおぶしを加えて全体を混ぜ、器に盛る。

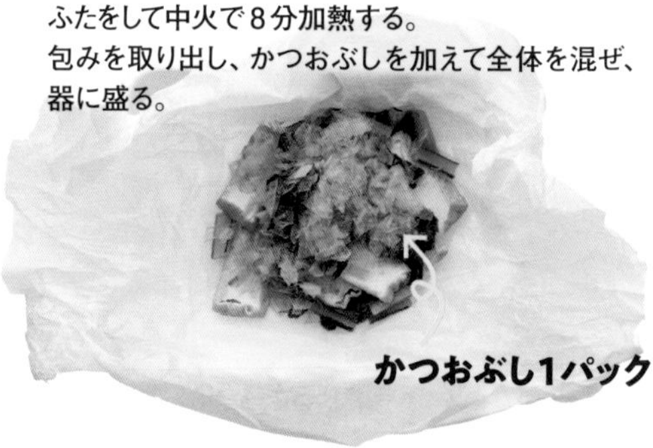


いちおしサブおかず
きのこオムレツ ▸▸ p104

片栗粉でつけたとろみがおいしさの素。
蒸すとかさが減ってしめじをモリモリ食べられます。

エネルギー 185kcal
たんぱく質12.7g
糖質8.7g　塩分1.3g

# 厚揚げときのこの照り煮

## 厚揚げを包む

・厚揚げ（6個入り）
　…… 3個（100g）
・しめじ …… 1/2パック（50g）
・片栗粉 …… 小さじ1/2
・砂糖 …… 大さじ1/2
・しょうゆ …… 大さじ1/2

クッキングシート上で厚揚げを食べやすい大きさに切り、片栗粉をまぶす。
石づきを取ってほぐしたしめじをのせ、砂糖、しょうゆを加えて包む。

## フライパンで蒸す

フライパンに包みを入れ、水1カップ（200ml）を注ぎ、ふたをして中火で8分加熱する。
包みを取り出して全体を混ぜ、器に盛る。

いちおしサブおかず

にらの塩こしょう蒸し ▸▸ p103

ウインナー

ポトフのようなほっこり安心する味。
キャベツをちぎるとさらに手早く完成します。

エネルギー 154kcal
たんぱく質6.6g
糖質6.7g　塩分1.4g

# ウインナーとキャベツのコンソメ煮

## ウインナーを包む

- ・ウインナー …… 2本
- ・キャベツ（1/4カット）
  …… 2～3枚
- ・コンソメスープの素（顆粒）
  …… 小さじ1/2

クッキングシート上でウインナーを4等分に斜めに切り、3～4㎝角に切ったキャベツ、コンソメスープの素を加えて包む。

## フライパンで蒸す

フライパンに包みを入れ、水1カップ（200ml）を注ぎ、ふたをして中火で8分加熱する。
包みを取り出して全体を混ぜ、器に盛る。

いちおしサブおかず
にんじんサラダ ▸▸ p95

コトコト煮込んだような深い味わい。

# ウインナーと大豆のケチャップ煮

## ウインナーを包む

・ウインナー …… 2本
・大豆ドライパック …… 1袋（60g）
・ケチャップ …… 大さじ1
・コンソメスープの素（顆粒）…… 小さじ1/2

クッキングシート上でウインナーを4等分に斜めに切り、残りの材料をすべて加えて包む。

## フライパンで蒸す

・粉チーズ …… 小さじ1

フライパンに包みを入れ、水1カップ（200ml）を注ぎ、ふたをして中火で8分加熱する。
包みを取り出して全体を混ぜ、器に盛って粉チーズをかける。

いちおしサブおかず
ほうれん草のココット ▶▶ p110

エネルギー 246kcal
たんぱく質14.3g
糖質11.3g　塩分2.4g

シンプルだけどみんなが好きな味♥

# ウインナーともやしの塩こしょうがけ

## ウインナーを包む

・ウインナー …… 2本
・もやし …… 1/2袋

クッキングシート上でウインナーを4等分に斜めに切り、もやしを加えて包む。

## フライパンで蒸す

・塩こしょう …… 小さじ1/4

フライパンに包みを入れ、水1カップ（200ml）を注ぎ、ふたをして中火で8分加熱する。
包みを取り出して全体を混ぜ、塩こしょうをふって器に盛る。

いちおしサブおかず
きのこのガーリックバター蒸し ▶▶ p105

エネルギー 167kcal
たんぱく質9.1g
糖質3.8g　塩分1.8g

ベーコン

バターしょうゆでコクうま！
包み蒸しならではのとろ甘ねぎが美味

エネルギー 228kcal
たんぱく質7.9g
糖質4.8g　塩分1.8g

# ベーコンと長ねぎのおかかバターしょうゆ

## ベーコンを包む

・ベーコン …… 2枚
・長ねぎ …… 1/2本
・バター …… 5g

クッキングシート上で長ねぎを幅1㎝の斜め切りにし、ベーコンを幅1㎝に切って加え、バターをのせて包む。

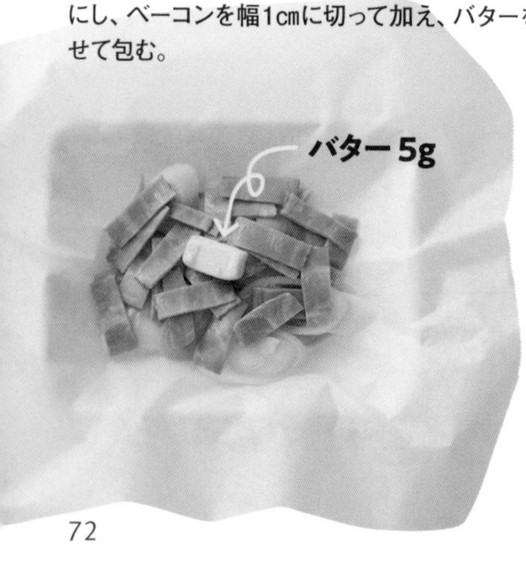


## フライパンで蒸す

・しょうゆ …… 小さじ1
・かつおぶし …… 1パック（2g）

フライパンに包みを入れ、水1カップ（200㎖）を注ぎ、ふたをして中火で8分加熱する。
包みを取り出し、しょうゆ、かつおぶしを加えて全体を混ぜ、器に盛る。

いちおしサブおかず
きのこのツナマヨ七味 ▸▸ p105

チューブにんにくと七味唐辛子でお手軽に。

# ベーコンとキャベツのペペロン風

## ベーコンを包む

- ベーコン …… 2枚
- キャベツ（1/4カット） …… 2～3枚
- にんにく（チューブ） …… 2cm

クッキングシート上でキャベツを2～3cm角に切り、幅1cmに切ったベーコン、残りの材料をすべて加えて包む。

## フライパンで蒸す

- 七味唐辛子 …… 少々

フライパンに包みを入れ、水1カップ（200ml）を注ぎ、ふたをして中火で8分加熱する。
包みを取り出して全体を混ぜ、器に盛って七味唐辛子をふる。

いちおしサブおかず
白和えもどき ▸▸ p111

エネルギー 174kcal
たんぱく質5.8g
糖質2.9g　塩分0.9g

えのきはベーコンでくるっと巻くだけ♪

# ベーコンえのきポン酢

## ベーコンを包む

- ベーコン …… 2枚
- えのき …… 小1/2袋（50g）

クッキングシート上でベーコンを長さ半分に切り、並べる。えのきの石づきを取り、4等分してそれぞれベーコンで巻き、シートで包む。

## フライパンで蒸す

- ポン酢 …… 大さじ1
- カット青ねぎ …… 少々

フライパンに包みを入れ、水1カップ（200ml）を注ぎ、ふたをして中火で8分加熱する。
包みを取り出して器に盛り、ポン酢をかけて青ねぎをのせる。

いちおしサブおかず
きのこオムレツ ▸▸ p104

エネルギー 183kcal
たんぱく質7.2g
糖質5.7g　塩分2.1g

かにかま

加熱中に卵がぶわっと膨らむけど、それでOK。
コスパ抜群でお財布にもやさしい一品♪

エネルギー 177kcal
たんぱく質15.1g
糖質3.7g　塩分1.4g

# かに玉

## 卵液を型に流し入れる ➤ フライパンで蒸す

・卵 …… 2個
・かにかまぼこ …… 3本（20g）
・麺つゆ（ストレート） …… 大さじ1

ボウルに卵を割りほぐし、かにかまぼこを裂いて入れ、麺つゆを加えて混ぜる。
あらかじめ両端をねじったクッキングシートの型に、卵液を流し入れる。

フライパンに包みを入れ、水1カップ（200ml）を注ぎ、ふたをして中火で8分加熱する。
包みを取り出し、器に盛る。

いちおしサブおかず
長ねぎとじゃこのオイル蒸し ▸▸ p107

早ゆでマカロニであっという間に完成。

# かにかま入りマカロニサラダ

## かにかまぼこを包む

- かにかまぼこ …… 4～5本（30g）
- マカロニ（早ゆでタイプ）…… 大さじ3（20g）
- 水 …… 大さじ2

クッキングシート上でかにかまぼこを細く裂き、残りの材料をすべて加えて包む。

## フライパンで蒸す

- マヨネーズ …… 大さじ1
- 乾燥パセリ …… 適量

フライパンに包みを入れ、水1カップ（200ml）を注ぎ、ふたをして中火で8分加熱する。
包みを取り出し、マヨネーズを加えて混ぜ、器に盛ってパセリをふる。

いちおしサブおかず

和風ペペロンもやし ▸▸ p97

エネルギー 200kcal
たんぱく質6.2g
糖質18.2g　塩分1.0g

蒸しレタスの食感がクセになる！

# かにかまとレタスの中華風

## かにかまぼこを包む

- かにかまぼこ …… 4～5本（30g）
- 鶏がらスープの素（顆粒）…… 小さじ1/2
- レタス（1/2カット）…… 6～7枚

クッキングシート上でかにかまぼこを細く裂き、鶏がらスープの素を加え、一口大にちぎったレタスをのせて包む。

## フライパンで蒸す

- ごま油 …… 小さじ1/2

フライパンに包みを入れ、水1カップ（200ml）を注ぎ、ふたをして中火で8分加熱する。
包みを取り出し、ごま油を加えて混ぜ、器に盛る。

いちおしサブおかず

ほうれん草のココット ▸▸ p110

エネルギー 66kcal
たんぱく質4.6g
糖質7.7g　塩分1.4g

こんにゃく

ダイエットの心強い味方、しらたき。
モリモリ食べても低カロリーで罪悪感ゼロ!

エネルギー 191kcal
たんぱく質10.5g
糖質13.4g　塩分2.7g

# しらたきチャプチェ風

## しらたきを包む

- しらたき …… 1/2袋（100g）
- 塩 …… 小さじ1/4（アク抜き用）
- 豚ひき肉 …… 大さじ5（50g）
- 砂糖 …… 大さじ1
- しょうゆ …… 大さじ1

しらたきは塩でしっかりともみ、流水で洗って水けをきり、食べやすい長さに切る。
クッキングシートにひき肉を平らに広げ、残りの材料をすべて加えて包む。

## フライパンで蒸す

- ごま油 …… 小さじ1/2
- 白すりごま …… 少々

フライパンに包みを入れ、水1カップ（200ml）を注ぎ、ふたをして中火で8分加熱する。
包みを取り出し、ごま油を加えて混ぜ、器に盛る。

Point

塩でよくもみ、流水で洗ってこんにゃく独特の臭みを取り除く。

いちおしサブおかず
にら玉 ▸▸ p103

ピリ辛明太子を牛乳でまろやかに。

# しらたきと明太子のクリーム煮

## しらたきを包む

・しらたき …… 1/2袋（100g）
・塩 …… 小さじ1/4（アク抜き用）
・明太子 …… 1/2腹（30g）
・牛乳 …… 1/4カップ（50ml）
・コンソメスープの素（顆粒）…… 小さじ1

しらたきは塩でしっかりともみ、流水で洗って水けをきり、食べやすい長さに切る。
あらかじめ両端をねじったクッキングシートの型に明太子の身をほぐし入れ、残りの材料をすべて加えて包む。

## フライパンで蒸す

フライパンに包みを入れ、水1カップ（200ml）を注ぎ、ふたをして中火で8分加熱する。
包みを取り出して全体を混ぜ、器に盛る。

いちおしサブおかず
きのこオムレツ ▸▸ p104

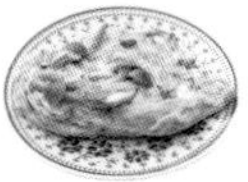

エネルギー 84kcal
たんぱく質8.4g
糖質7.6g　塩分3.0g

こんにゃくはスプーンでちぎってラクラク！

# こんにゃくのみそ煮

## こんにゃくを包む

・こんにゃく（アク抜き不要のもの）…… 150g
・薄揚げ …… 1枚
・砂糖 …… 大さじ1
・みそ …… 大さじ1

クッキングシートにこんにゃくをのせ、スプーンで食べやすい大きさにちぎる。
薄揚げを縦半分、幅1cmに切ってのせ、残りの材料をすべて加えて包む。

## フライパンで蒸す

・七味唐辛子 …… 少々

フライパンに包みを入れ、水1カップ（200ml）を注ぎ、ふたをして中火で8分加熱する。
包みを取り出して全体を混ぜ、器に盛って七味唐辛子をふる。

いちおしサブおかず
ささみとほうれん草のさっぱり蒸し ▸▸ p111

エネルギー 161kcal
たんぱく質7.1g
糖質17.8g　塩分2.1g

# マネするだけの２品献立

自炊を続けていると、献立って面倒！ という日もあるものです。
そんな日は、このページの組み合わせをマネすればOK。
１品作るのとほぼ変わらない手間で、２品が完成。
洗い物もほとんど増えません！

鶏つくね（p32）×ピーマンとにんじんのごま和え（p102）
甘辛おかずにほっとできるごま和えが合う！

鮭のちゃんちゃん蒸し（p44）
×
わかめとえのきのナムル（p108）
魚と海藻を合わせた海の幸のヘルシーセット

鶏もものさっぱり煮（p31）×小松菜と桜えびの中華煮（p101）
鶏もも肉はお口直しになる小松菜とどうぞ

豚こまのねぎ塩蒸し（p37）×もやしのカレーマヨ和え（p97）
あっさりメインにはコクうまサブでお腹満足

# Part 3

# ほぼノンオイル！
# ごはん・麺・パン14

ダイエット中でも、やっぱり食べたい炭水化物！
主食の制限のしすぎは体によくないので、
たまには丼やうどんも楽しんで♪
300～400kcal台の
ヘルシーレシピがいっぱい!!

長ねぎの青い部分も使って。
紅しょうがや七味唐辛子をかけても◎

エネルギー 608kcal
たんぱく質23.8g
糖質71.2g　塩分3.5g

# 牛丼

## 牛肉を包む

・牛こま切れ肉 …… 100g
・砂糖 …… 大さじ1
・しょうゆ …… 大さじ1
・白だし …… 大さじ1/2
・長ねぎ …… 1/2本

クッキングシートに牛肉を広げ、砂糖、しょうゆ、白だしを加えて軽くなじませる。長ねぎを幅1㎝の斜め切りにして加え、包む。

## フライパンで蒸す

・温かいごはん
…… 茶碗1杯分弱（150g）

フライパンに包みを入れ、水1カップ（200ml）を注ぎ、ふたをして中火で8分加熱する。
包みを取り出し、器に温かいごはんを盛って、牛丼の具をのせる。

いちおしサブおかず
小松菜のポン酢おかか和え ▸▸ p101

フレッシュトマトをあっさりカレー風味に。

# 豚トマトカレー

## 豚肉を包む

・豚こま切れ肉 …… 80g（p120参照）
・トマト …… 1個
・コンソメスープの素（顆粒）…… 小さじ1
・カレー粉 …… 小さじ1

クッキングシートに豚肉を広げ、トマトを4等分に切ってのせ、残りの材料をすべて加えて包む。

## フライパンで蒸す

・温かいごはん …… 茶碗1杯分弱（150g）
・乾燥パセリ …… 少々

フライパンに包みを入れ、水1カップ（200ml）を注ぎ、ふたをして中火で8分加熱する。
包みを取り出し、器に温かいごはんを盛ってパセリをふり、カレーをかける。

いちおしサブおかず

ブロッコリーとチーズのオイル蒸し ▸▸ p92

とろとろあんかけがコツいらずで感動！

# 天津飯

## 卵液を型に流し入れる

・卵 …… 2個
・麺つゆ（ストレート）…… 1/4カップ（50ml）
・水 …… 1/4カップ（50ml）
・片栗粉 …… 小さじ1

あらかじめ両端をねじったクッキングシートの型を2つ作る。卵をボウルに割りほぐして1つの型に流し入れ、もう1つの型に残りの材料をすべて流し入れてよく混ぜる。

## フライパンで蒸す

・ごま油 …… 少々
・温かいごはん …… 茶碗1杯分弱（150g）
・カット青ねぎ …… 少々

フライパンに2つの包みを入れ、水1カップ（200ml）を注ぎ、ふたをして中火で8分加熱する。包みを取り出し、あんの包みにごま油を加えて混ぜる。器に温かいごはんを盛り、蒸した卵をのせてあんをかけ、青ねぎをのせる。

いちおしサブおかず

わかめとえのきのナムル ▸▸ p108

うどんのモチッつるっとした食感がたまらない!
牛乳とピリ辛明太子がよく合います。

エネルギー 375kcal
たんぱく質18.8g
糖質54.7g　塩分3.8g

# 明太子うどん

## うどんを包む

- ・冷凍うどん …… 1玉
- ・明太子 …… 1/2腹（30g）
- ・牛乳 …… 3/4カップ（150ml）
- ・白だし …… 大さじ1/2
- ・片栗粉 …… 小さじ1

クッキングシートに冷凍うどんをのせ、両端をねじって器型にする。
明太子の身をほぐし、トッピング用に少量を取り分けておく。
残りの材料をすべてボウルに入れて混ぜ、型に注ぎ、明太子をのせる。

## フライパンで蒸す

フライパンに包みを入れ、水1カップ（200ml）を注ぎ、ふたをして中火で8分加熱する。
包みを取り出してよく混ぜ、器に盛り、トッピング用の明太子をのせる。

いちおしサブおかず
長ねぎののり和え ▸▸ p106

麺つゆで手軽。鶏ももと長ねぎは相性◎

# 鶏南蛮うどん

## うどんを包む

・冷凍うどん …… 1玉

1枚のクッキングシートで冷凍うどんを包む。

## 鶏肉を包む

・鶏もも肉 …… 1/2枚弱（100g）
・長ねぎ …… 1/2本
・麺つゆ（ストレート）…… 1/2カップ（100ml）
・水 …… 1/2カップ（100ml）

もう1枚のクッキングシート上で鶏もも肉を小さめの一口大に切り、長ねぎを幅5㎜の斜め切りにして加える。シートの両端をねじって器型にし、麺つゆと水を加える。

## フライパンで蒸す

・七味唐辛子 …… お好みで

フライパンに2つの包みを入れ、水1カップ（200ml）を注ぎ、ふたをして中火で8分加熱する。包みを取り出してうどんと具を合わせて器に盛り、お好みで七味唐辛子をふる。

いちおしサブおかず

ひじきと薄揚げの煮物 ▸▸ p109

エネルギー 475kcal
たんぱく質24.7g
糖質56.1g　塩分4.1g

しめじ&えのきのあんかけで体ぽかぽか！

# きのこうどん

## うどんを包む

・冷凍うどん …… 1玉
・しめじ …… 1/2パック（50g）
・えのき …… 1/2袋
・水 …… 1/2カップ（100ml）
・片栗粉 …… 小さじ1
・麺つゆ（ストレート）…… 1/2カップ（100ml）

クッキングシートに冷凍うどん、石づきを取ってほぐしたしめじ、石づきを取って長さを半分に切ったえのきをのせ、両端をねじって器型にする。残りの材料をボウルに入れてよく混ぜ、型に流し入れる。

## フライパンで蒸す

・カット青ねぎ …… 適量

フライパンに包みを入れ、水1カップ（200ml）を注ぎ、ふたをして中火で8分加熱する。
包みを取り出して混ぜ、器に盛り、青ねぎをのせる。

いちおしサブおかず

ピーマンと豚ひき肉のおかか和え ▸▸ p102

エネルギー 283kcal
たんぱく質10.2g
糖質59.8g　塩分3.9g

冷凍中華麺

くたっとしない蒸しもやしは食べごたえあり!
ニラがあれば、刻んでのせてもおいしい。

# 豚肉ともやしの混ぜそば

エネルギー 581kcal
たんぱく質31.9g
糖質62.7g　塩分4.6g

## 中華麺を包む

・冷凍中華麺 …… 1玉

1枚のクッキングシートに中華麺をのせて包む。

## 豚ひき肉を包む

・豚ひき肉 …… 大さじ10（100g）
・もやし …… 1/2袋
・砂糖 …… 大さじ1/2
・しょうゆ …… 大さじ1
・鶏がらスープの素（顆粒）
　…… 小さじ1
・にんにく（チューブ）…… 2cm

もう1枚のクッキングシートにひき肉を広げ、残りの材料をすべて加えて包む。

## フライパンで蒸す

・カット青ねぎ …… 適量
・七味唐辛子 …… 小さじ1/4

フライパンに2つの包みを入れ、水1カップ（200ml）を注ぎ、ふたをして中火で8分加熱する。包みを取り出し、具の包みをよく混ぜる。器に麺を盛って具と青ねぎをのせ、七味唐辛子をふる。

いちおしサブおかず
なすの甘酢漬け ▸▸ p113

ごま油の香ばしさが引き立つシンプル塩味。
焼きそばよりぐっと少ないオイルで作れます！

# 塩蒸しそば

エネルギー 521kcal
たんぱく質28.2g
糖質56.9g　塩分2.6g

## 中華麺を包む

・冷凍中華麺 …… 1玉

1枚のクッキングシートに中華麺をのせて包む。

## 豚こま切れ肉を包む

・豚こま切れ肉 …… 100g（p120参照）
・キャベツ …… 50g（3～4㎝角に切る）
・鶏がらスープの素（顆粒）
　…… 小さじ1

もう1枚のクッキングシートに豚肉を広げ、残りの材料をすべて加えて包む。

## フライパンで蒸す

・ごま油 …… 小さじ1/2
・塩こしょう …… 少々

フライパンに2つの包みを入れ、水1カップ（200ml）を注ぎ、ふたをして中火で8分加熱する。包みを取り出して麺と具を合わせ、ごま油、塩こしょうを加えてよく混ぜ、器に盛る。

いちおしサブおかず
きのこのツナマヨ七味 ▸▸ p105

パスタの定番も材料全投入で一発完成！
だれでもおいしく作れるレシピです。

エネルギー 421kcal
たんぱく質16.1g
糖質70.4g　塩分2.5g

# ボロネーゼ風ペンネ

## 型にペンネを入れる ▶ フライパンで蒸す

### 型にペンネを入れる

- 合いびき肉 …… 大さじ3（30g）
- ペンネ（早ゆでタイプ） …… 1カップ強（80g）
- 水 …… 3/4カップ（150ml）
- ケチャップ …… 大さじ2
- コンソメスープの素（顆粒） …… 小さじ1
- にんにく（チューブ） …… 2cm

あらかじめ両端をねじったクッキングシートの型に、ひき肉、ペンネの順に入れ、残りの材料をすべて加えて包む。

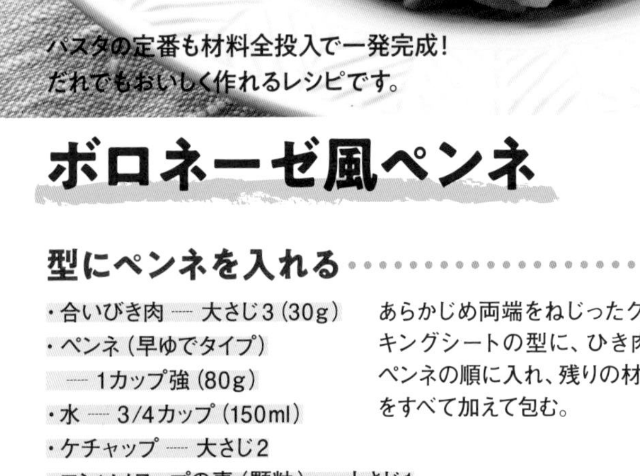


### フライパンで蒸す

- 粉チーズ（お好みで） …… 適量

フライパンに包みを入れ、水1カップ（200ml）を注ぎ、ふたをして中火で8分加熱する。
包みを取り出して全体を混ぜ、器に盛ってお好みで粉チーズをふる。

いちおしサブおかず
キャベツのガーリック蒸し ▶▶ p99

生クリーム不要！　牛乳で濃厚ソース。

# きのこのクリームペンネ

## 型にペンネを入れる

・ペンネ（早ゆでタイプ）…… 1カップ強（80g）
・しめじ …… 1/2パック（50g）
・牛乳 …… 1カップ（200ml）
・コンソメスープの素（顆粒）…… 小さじ1
・にんにく（チューブ）…… 2㎝
・塩 …… ひとつまみ

あらかじめ両端をねじったクッキングシートの型にペンネを入れ、石づきを取ってほぐしたしめじ、残りの材料をすべて加えて包む。

## フライパンで蒸す

フライパンに包みを入れ、水1カップ（200ml）を注ぎ、ふたをして中火で８分加熱する。
包みを取り出して全体を混ぜ、器に盛る。

いちおしサブおかず

ささみとほうれん草のさっぱり蒸し ▸▸ p111

しょうゆ香るさっぱり風味がクセになる。

# ひじきとベーコンの和風ペンネ

## 型にペンネを入れる

・ペンネ（早ゆでタイプ）…… 1カップ強（80g）
・ひじき（ドライパック）…… 1袋（50g）
・水 …… 3/4カップ（150ml）
・ベーコン …… 2枚

あらかじめ両端をねじったクッキングシートの型に、ペンネ、ひじき、水を入れ、幅1㎝に切ったベーコンを加えて包む。

## フライパンで蒸す

・しょうゆ …… 大さじ1
・カット青ねぎ …… 適量

フライパンに包みを入れ、水1カップ（200ml）を注ぎ、ふたをして中火で８分加熱する。
包みを取り出し、しょうゆを加えて全体を混ぜ、器に盛って青ねぎをのせる。

いちおしサブおかず

ブロッコリーとチーズのオイル蒸し ▸▸ p92

パン

どうしても甘いものが恋しくなったら
甘さ控えめ自家製おやつで乗りきって！

エネルギー 289kcal
たんぱく質13.3g
糖質37.0g　塩分1.0g
（いちごジャムを除く）

# 蒸しパンプディング

## パンを卵液に浸す

- 食パン（6枚切り）…… 1枚
- 卵 …… 1個
- 牛乳 …… 1/4カップ（50ml）
- 砂糖 …… 小さじ2

卵、牛乳、砂糖をバットに入れて混ぜ、6等分した食パンを加え、食パンが卵液を吸うまで2分ほど浸す。

## パンを型に入れる

あらかじめ両端をねじったクッキングシートの型に、食パンを入れて包む。

## フライパンで蒸す

- ミント（あれば）…… 適宜
- いちごジャム（あれば）…… 適宜

フライパンに包みを入れ、水1カップ（200ml）を注ぎ、
ふたをして中火で8分加熱する。
包みを取り出して器に盛り、あればミントとジャムを添える。

いちおしサブおかず
蒸しキャベツのサラダ ▸▸ p99

新食感に感動！ 耳までもっちりふわん。

# ツナチーズ蒸しパン

## パンに具をのせて包む

・食パン（6枚切り）…… 1枚
・マヨネーズ …… 小さじ1
・ツナ缶（オイル漬け）…… 大さじ2
・とろけるスライスチーズ …… 2枚

クッキングシートに食パンをのせ、マヨネーズを塗り、半分に切る。片方にツナを半量のせ、チーズ1枚を半分に折って重ね（a）、さらにツナの残り半量と、パンをのせる。残りのチーズ1枚は、折らずにそのまま重ねて包む。

Point

a

重ねる順は

| |
|---|
| チーズ（そのまま） |
| パン |
| ツナ（半量） |
| チーズ（折る） |
| ツナ（半量） |
| パン |

## フライパンで蒸す

・乾燥パセリ …… 少々

フライパンに包みを入れ、水1カップ（200ml）を注ぎ、ふたをして中火で8分加熱する。
包みを取り出して器に盛り、パセリをふる。

いちおしサブおかず
にんじんサラダ ▸▸ p95

エネルギー 429kcal
たんぱく質21.2g
糖質28.8g　塩分2.2g

ジブリ風オープンサンドもふわっとおいしい！

# ベーコンエッグ蒸しパン

## パンに具をのせて包む

・食パン（6枚切り）…… 1枚
・ベーコン …… 2枚
・卵 …… 1個

クッキングシートに食パンをのせ、白い部分をスプーンの背で押してくぼみを作り、
ベーコンをのせて卵を割り入れ、包む。

Point

卵が流れ出ないよう、
くぼみをしっかり作る。

## フライパンで蒸す

・塩こしょう …… 少々
・カレー粉 …… 少々

フライパンに包みを入れ、水1カップ（200ml）を注ぎ、ふたをして中火で8分加熱する。
包みを取り出して器に盛り、塩こしょう、カレー粉をかける。

いちおしサブおかず
ブロッコリーとチーズの
オイル蒸し ▸▸ p92

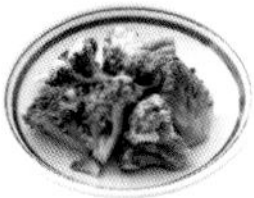

エネルギー 397kcal
たんぱく質16.9g
糖質28.8g　塩分2.4g

# マネするだけの2品献立

メインが魚なら、サブは卵や噛みごたえのある野菜で腹持ちよく。
逆に、メインががっつりお肉なら、あっさり系の少量サブに。
考えて選ぶと、2品献立が決めやすくなります。
お気に入りの組み合わせを定番化して、
ローテーションするのもおすすめ！

たらのコンソメチーズ蒸し（p49）×蒸しキャベツのサラダ（p99）
たっぷりキャベツと食べて栄養バランスアップ！

豚こまの角煮風（p34）×長ねぎの煮びたし（p106）
がっつりメインにはやさしい味のおかずを選んで

鮭と小松菜のガーリック蒸し（p45）× きのこのツナマヨ七味（p105）
さっぱり塩味とコクマヨサブおかずでメリハリ！

ぶりとにらの甘辛煮（p46）×きのこオムレツ（p104）
茶色いおかずには卵の黄色がよく似合う

# Part 4

# 野菜のラクうま
# サブおかず34

自炊を始めたばかりの人にも、ボディラインが気になる人にも
体にやさしい食材を手軽に食べてほしい。
ならばと、ちょ～簡単な野菜たっぷりのサブおかずを考えました！
メインを作るついでに
サブおかずの包みもポンと入れてみて♥

オリーブオイルとチーズで洋食にぴったり♪

# ブロッコリーとチーズのオイル蒸し

## ブロッコリーを包む

・ブロッコリー …… 1カップ強（60g）
・とろけるスライスチーズ …… 1枚
・オリーブオイル …… 小さじ1

ブロッコリー 60gは約1カップ強

クッキングシート上でブロッコリーを小房に分け、チーズとオリーブオイルを加えて包む。

## フライパンで蒸す

フライパンに包みを入れ、水1カップ（200ml）を注ぎ、ふたをして中火で8分加熱する。包みを取り出して、器に盛る。

エネルギー 123kcal
たんぱく質6.7g
糖質3.3g　塩分0.6g

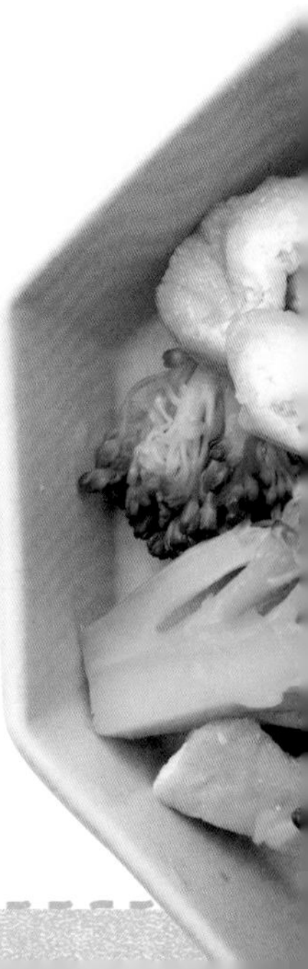

# ブロッコリーとじゃこのしょうが蒸し

白だしで失敗知らずのほっこり和風味

## ブロッコリーを包む

- ブロッコリー …… 1カップ強（60g）
- ちりめんじゃこ …… 大さじ2（10g）
- しょうが（チューブ）…… 2cm
- 白だし …… 小さじ1/2

クッキングシート上でブロッコリーを小房に分け、
ちりめんじゃこをかける。
しょうが、白だしを加えて包む。

## フライパンで蒸す

フライパンに包みを入れ、水1カップ（200ml）
を注ぎ、ふたをして中火で8分加熱する。
包みを取り出して全体を混ぜ、器に盛る。

エネルギー 42kcal
たんぱく質6.7g
糖質3.5g　塩分1.0g

白だしの塩気が野菜の甘さを引き立てる♪

# ブロッコリーと薄揚げの煮びたし

## ブロッコリーを包む

- ブロッコリー …… 1カップ強（60g）
- 薄揚げ …… 1枚
- 白だし …… 大さじ1

クッキングシート上で薄揚げを縦半分、幅1cmに
切り、ブロッコリーを小房に分けて加え、
白だしを加えて包む。

## フライパンで蒸す

フライパンに包みを入れ、水1カップ（200ml）
を注ぎ、ふたをして中火で8分加熱する。
包みを取り出して全体を混ぜ、器に盛る。

エネルギー 109kcal
たんぱく質7.7g
糖質4.5g　塩分1.7g

# にんじんの麺つゆきんぴら

薄く切ったにんじん30gは約1カップ

## にんじんを包む

・にんじん …… 1カップ（30g）
・麺つゆ（ストレート）…… 小さじ1

クッキングシートににんじんをのせ、ピーラーでリボン状にスライスし、麺つゆを加えて包む。

## フライパンで蒸す

・七味唐辛子 …… 少々

フライパンに包みを入れ、水1カップ（200ml）を注ぎ、ふたをして中火で８分加熱する。
包みを取り出して全体を混ぜ、器に盛って七味唐辛子をふる。

Point

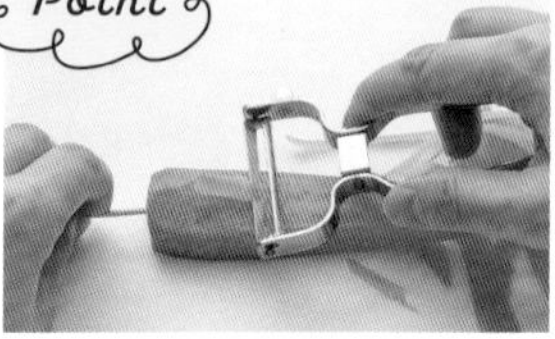

にんじんは竹串などで固定すると、少量でもスライスしやすい。

エネルギー 14kcal
たんぱく質0.4g
糖質3.2g　塩分0.2g

麺つゆで味つけラクチン＆七味でピリ辛

# にんじんマリネ

カレーに合う甘酸っぱいデリ風おかず

### にんじんを包む

・にんじん …… 1カップ（30g）

クッキングシートににんじんをのせ、ピーラーでリボン状にスライスし、包む。

### フライパンで蒸す

・砂糖 …… 小さじ1
・酢 …… 小さじ1
・オリーブオイル …… 小さじ1/2
・塩 …… ひとつまみ
・乾燥パセリ …… 少々

フライパンに包みを入れ、水1カップ（200ml）を注ぎ、ふたをして中火で8分加熱する。
包みを取り出し、砂糖、酢、オリーブオイル、塩を加えて混ぜ、器に盛ってパセリをふる。

エネルギー 46kcal
たんぱく質0.2g
糖質6.3g　塩分1.0g

# にんじんサラダ

お好みの市販のドレッシングでOK！

### にんじんを包む

・にんじん …… 1カップ（30g）

クッキングシートににんじんをのせ、ピーラーでリボン状にスライスし、包む。

### フライパンで蒸す

・ミニトマト …… 4〜5個
・市販のごまドレッシング …… 適量

フライパンに包みを入れ、水1カップ（200ml）を注ぎ、ふたをして中火で8分加熱する。
その間に、ミニトマトのヘタを取り、半分に切る。
包みを取り出して器に盛り、ミニトマトを加え、ドレッシングをかける。

エネルギー 80kcal
たんぱく質2.1g
糖質9.4g　塩分0.4g

ふんわりバター香る！ 冷めてもコクうま

# もやしとささみの麺つゆバター

## もやしを包む

・もやし …… 1/2袋
・ささみ …… 1本
・麺つゆ（ストレート）…… 大さじ2
・バター …… 5g

クッキングシート上でささみを長さ3㎝に切り、もやしを広げてのせ、麺つゆ、バターを加えて包む。

## フライパンで蒸す

フライパンに包みを入れ、水1カップ（200ml）を注ぎ、ふたをして中火で8分加熱する。包みを取り出して全体を混ぜ、器に盛る。

エネルギー 144kcal
たんぱく質16.5g
糖質5.6g　塩分1.4g

# 和風ペペロンもやし

## もやしを包む

- もやし …… 1/2袋
- にんにく（チューブ）…… 4㎝
- オリーブオイル …… 小さじ1
- 塩 …… ひとつまみ

クッキングシートにもやしをのせ、にんにく、オリーブオイル、塩を加えて包む。

## フライパンで蒸す

- 七味唐辛子 …… 適宜

フライパンに包みを入れ、水1カップ（200ml）を注ぎ、ふたをして中火で8分加熱する。包みを取り出して全体を混ぜ、七味唐辛子を加えて器に盛る。

エネルギー 81kcal
たんぱく質3.7g
糖質2.8g　塩分1.1g

がっつりにんにく味だから、満足感あり！

# もやしのカレーマヨ和え

## もやしを包む

- もやし …… 1/2袋
- コンソメスープの素（顆粒）…… 小さじ1/2
- カレー粉 …… 小さじ1/4

クッキングシートにもやしをのせ、コンソメスープの素、カレー粉を加えて軽く混ぜて包む。

## フライパンで蒸す

- マヨネーズ …… 小さじ1

フライパンに包みを入れ、水1カップ（200ml）を注ぎ、ふたをして中火で8分加熱する。包みを取り出し、マヨネーズを加えて全体を混ぜ、器に盛る。

蒸したもやしは食感◎　ぜひ食べてみて♪

エネルギー 77kcal
たんぱく質4.0g
糖質3.5g　塩分0.8g

# キャベツのバターしょうゆ

## キャベツを包む

・キャベツ …… 100g（1/8カット分）
・バター …… 10g

クッキングシート上でキャベツを幅5㎜に切り、バターを加えて包む。

## フライパンで蒸す

・しょうゆ …… 小さじ1/2

フライパンに包みを入れ、水1カップ（200ml）を注ぎ、ふたをして中火で8分加熱する。
包みを取り出し、しょうゆを加えて全体を混ぜ、器に盛る。

たっぷりキャベツをペロリ♥

エネルギー 100kcal
たんぱく質1.5g
糖質5.4g　塩分0.6g

# 蒸しキャベツのサラダ

凍ったまま投入OKなミックスベジが活躍！

## キャベツを包む

・キャベツ …… 100g（1/8カット分）
・冷凍ミックスベジタブル …… 大さじ3

クッキングシート上でキャベツを
幅5㎜に切り、冷凍ミックスベジタブルを
加えて包む。

## フライパンで蒸す

・マヨネーズ …… 大さじ1
・塩 …… ひとつまみ

フライパンに包みを入れ、水1カップ（200ml）を注ぎ、ふたをして中火で8分
加熱する。
包みを取り出し、マヨネーズ、塩を加えて
全体を混ぜ、器に盛る。

エネルギー 148kcal
たんぱく質2.4g
糖質10.2g　塩分1.3g

# キャベツのガーリック蒸し

ツナ入りだからたんぱく質もばっちり♪

## キャベツを包む

・キャベツ …… 100g（1/8カット分）
・ツナ缶（オイル漬け）…… 1/2缶（35g）
・にんにく（チューブ）…… 2㎝
・塩こしょう …… 少々

クッキングシート上でキャベツを2～3㎝角に
切る。にんにく、ツナの順に重ね、
塩こしょうをふって包む。

## フライパンで蒸す

フライパンに包みを入れ、水1カップ（200ml）
を注ぎ、ふたをして中火で8分加熱する。
包みを取り出して全体を混ぜ、器に盛る。

エネルギー 128kcal
たんぱく質7.9g
糖質5.6g　塩分1.1g

ごまみそでコクうま！　和風のメインに◎

# 小松菜と厚揚げのごまみそ和え

## 小松菜を包む

- 小松菜 …… 1株
- 厚揚げ（6個入り）…… 3個（50g）
- 砂糖 …… 大さじ1/2
- みそ …… 大さじ1

クッキングシート上で小松菜を長さ4㎝に切る。厚揚げは幅1㎝に切って加え、砂糖、みそを加えて包む。

## フライパンで蒸す

- 白すりごま …… 小さじ1

フライパンに包みを入れ、水1カップ（200ml）を注ぎ、ふたをして
中火で8分加熱する。
包みを取り出し、すりごまを加えて和え、器に盛る。

エネルギー 145kcal
たんぱく質8.9g
糖質10.6g　塩分2.1g

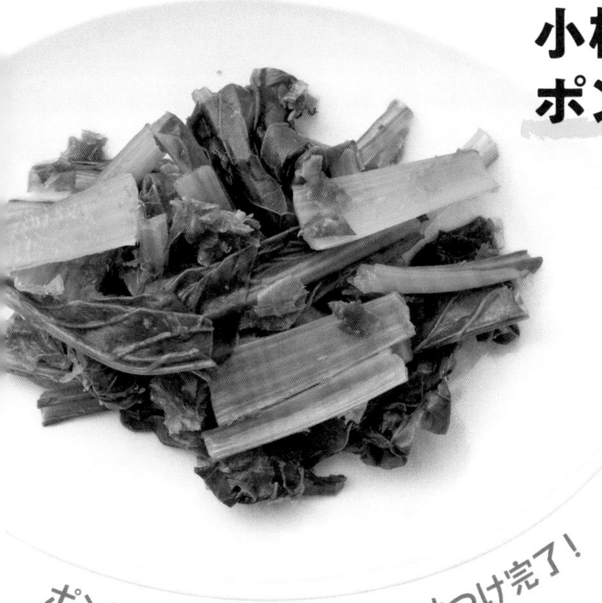

# 小松菜のポン酢おかか和え

## 小松菜を包む

・小松菜 …… 1株

クッキングシート上で小松菜を長さ4㎝に切って包む。

## フライパンで蒸す

・ポン酢 …… 大さじ1/2
・かつおぶし …… 1パック（2g）

フライパンに包みを入れ、水1カップ（200ml）を注ぎ、ふたをして中火で8分加熱する。
包みを取り出し、ポン酢、かつおぶしを加えて和え、器に盛る。

ポン酢とおかかでスピード味つけ完了！

エネルギー 20kcal
たんぱく質2.7g
糖質2.4g　塩分0.7g

# 小松菜と桜えびの中華煮

ごま油の香り高さと桜えびが好相性♪

## 小松菜を包む

・小松菜 …… 1株
・乾燥桜えび …… 大さじ2
・鶏がらスープの素（顆粒）…… 小さじ1/2
・ごま油 …… 小さじ1/4

クッキングシート上で小松菜を長さ4㎝に切り、桜えび、鶏がらスープの素、ごま油を加えて包む。

## フライパンで蒸す

フライパンに包みを入れ、水1カップ(200ml)を注ぎ、ふたをして中火で8分加熱する。
包みを取り出し、全体を混ぜて器に盛る。

エネルギー 39kcal
たんぱく質4.9g
糖質2.1g　塩分0.9g

ピーマン

# ピーマンと豚ひき肉のおかか和え

## ピーマンを包む

・ピーマン …… 2個
・豚ひき肉 …… 大さじ5（50g）
・砂糖 …… 大さじ1/2
・しょうゆ …… 大さじ1

クッキングシートに豚ひき肉を広げ、ピーマンを縦に幅5㎜に切ってのせ、砂糖、しょうゆを加えて包む。

エネルギー 171kcal
たんぱく質12.4g
糖質9.6g　塩分2.7g

## フライパンで蒸す

かつおぶし …… 1パック（2g）

フライパンに包みを入れ、水1カップ（200ml）を注ぎ、ふたをして中火で8分加熱する。
包みを取り出し、かつおぶしを加えて全体を混ぜ、器に盛る。

豚のうまみとおかかが合う!

# ピーマンとにんじんのごま和え

すりごまで香ばしく!

## ピーマンを包む

・ピーマン …… 2個
・にんじん …… 1カップ弱（20g）

クッキングシート上でピーマンを縦に幅5㎜に切る。
にんじんをピーラーでスライスして加えて包む。

## フライパンで蒸す

・白すりごま …… 小さじ1
・しょうゆ …… 小さじ1

フライパンに包みを入れ、水1カップ(200ml)を注ぎ、ふたをして中火で8分加熱する。
包みを取り出し、すりごま、しょうゆを加えて全体を混ぜ、器に盛る。

エネルギー 40kcal
たんぱく質1.7g
糖質6.2g　塩分0.9g

# にら玉

残ったにらは
冷凍保存が便利！
p122を参考に
してください

## 型に卵液を流し入れる

・卵 …… 2個
・にら …… 6本
・鶏がらスープの素（顆粒）…… 小さじ1/2
・ごま油 …… 小さじ1/4
・塩 …… ひとつまみ

ボウルに卵を割りほぐし、にらを長さ2㎝に切って加える。
鶏がらスープの素、ごま油、塩を加えて混ぜ、あらかじめ両端をねじったクッキングシートの型に流し入れる。

## フライパンで蒸す

フライパンに包みを入れ、水1カップ（200ml）を注ぎ、ふたをして中火で8分加熱する。
包みを取り出し、食べやすく切って器に盛る。

エネルギー 164kcal
たんぱく質12.5g
糖質1.2g　塩分2.1g

シンプルイズベスト！

エネルギー 49kcal
たんぱく質4.6g
糖質4.6g　塩分1.1g

# にらの塩こしょう蒸し

## にらを包む

・にら …… 1/2束
・もやし …… 1/2袋
・塩こしょう …… 小さじ1/4

クッキングシート上でにらを長さ4㎝に切る。
もやしを加え、塩こしょうをかけて包む。

## フライパンで蒸す

フライパンに包みを入れ、水1カップ（200ml）を注ぎ、ふたをして中火で8分加熱する。
包みを取り出して全体を混ぜ、器に盛る。

# きのこオムレツ

## 型に卵液を流し入れる

・卵 ―― 2個
・しめじ ―― 1/2パック（50g）
・バター ―― 5g
・塩 ―― ひとつまみ

ボウルに卵を割りほぐし、あらかじめ両端をねじったクッキングシートの型に流し入れる。石づきを取ってほぐしたしめじ、バター、塩を加えて包む。

## フライパンで蒸す

フライパンに包みを入れ、水1カップ（200ml）を注ぎ、ふたをして中火で8分加熱する。包みを取り出して器に盛る。

エネルギー194kcal
たんぱく質13.6g
糖質1.7g　塩分1.5g

ケチャップをかけるのもおすすめ♪

# きのこのガーリックバター蒸し

## しめじを包む

・しめじ …… 1パック（100g）
・バター …… 5g
・にんにく（チューブ）…… 2㎝
・塩 …… ひとつまみ

クッキングシートに石づきを取って
ほぐしたしめじをのせ、バター、にんにく、
塩を加えて包む。

## フライパンで蒸す

・乾燥パセリ …… 少々

フライパンに包みを入れ、水1カップ（200ml）を注ぎ、ふたをして中火で8分加熱する。
包みを取り出して全体を混ぜ、器に盛って、
パセリをふる。

エネルギー 50kcal
たんぱく質2.5g
糖質3.1g　塩分1.2g

エネルギー 143kcal
たんぱく質8.0g
糖質1.7g　塩分0.4g

# きのこの ツナマヨ七味

## しめじを包む

・しめじ …… 1/2パック（50g）
・ツナ缶（オイル漬け）…… 1/2缶（35g）

クッキングシートに石づきを取って
ほぐしたしめじをのせ、ツナを加えて包む。

## フライパンで蒸す

・マヨネーズ …… 小さじ1
・七味唐辛子 …… 少々

フライパンに包みを入れ、水1カップ（200ml）
を注ぎ、ふたをして中火で8分加熱する。
包みを取り出し、マヨネーズを加えて全体を
混ぜ、器に盛って七味唐辛子をふる。

# 長ねぎの煮びたし

甘〜い蒸しねぎでほっこり♥

## 長ねぎを包む

・長ねぎ …… 1本
・白だし …… 大さじ1

クッキングシート上で長ねぎを長さ5㎝に切り、白だしを加えて包む。

## フライパンで蒸す

フライパンに包みを入れ、水1カップ(200ml)を注ぎ、ふたをして中火で8分加熱する。包みを取り出し、器に盛る。

エネルギー 41kcal
たんぱく質1.8g
糖質9.6g　塩分1.6g

おつまみにも最適!

# 長ねぎののり和え

## 長ねぎを包む

・長ねぎ …… 1本
・塩 …… ひとつまみ

クッキングシート上で長ねぎを幅1㎝の斜め切りにし、塩を加えて包む。

## フライパンで蒸す

・食卓のり(味つけのり) …… 5枚
・ごま油 …… 小さじ1
・白すりごま …… 小さじ1/4

フライパンに包みを入れ、水1カップ(200ml)を注ぎ、ふたをして中火で8分加熱する。包みを取り出し、のりをちぎって加え、ごま油と白すりごまを加えて混ぜ、器に盛る。

エネルギー 81kcal
たんぱく質2.3g
糖質9.2g　塩分1.6g

オリーブオイル×和食材の新しいおいしさ

# 長ねぎとじゃこのオイル蒸し

## 長ねぎを包む

- 長ねぎ …… 1本
- ちりめんじゃこ …… 大さじ2（10g）
- オリーブオイル …… 大さじ1
- 塩 …… 小さじ1/4

クッキングシート上で長ねぎを幅1cmの斜め切りにし、ちりめんじゃこ、オリーブオイル、塩を加えて包む。

## フライパンで蒸す

フライパンに包みを入れ、水1カップ（200ml）を注ぎ、ふたをして中火で8分加熱する。包みを取り出して全体を混ぜ、器に盛る。

エネルギー 166kcal
たんぱく質5.5g
糖質8.4g　塩分2.2g

海藻

わかめは水戻し不要！ 即蒸しOKで時短

# わかめとえのきのナムル

## 乾燥わかめを包む

・乾燥わかめ …… 大さじ1
・えのき …… 小1袋（100g）
・鶏がらスープの素（顆粒） …… 小さじ1/2

クッキングシートに乾燥わかめをのせ、
石づきを取ったえのきを半分の長さに切って
重ね、鶏がらスープの素を
加えて包む。

## フライパンで蒸す

・ごま油 …… 小さじ1/2
・白ごま …… 小さじ1

フライパンに包みを入れ、水1カップ（200ml）
を注ぎ、ふたをして中火で8分加熱する。
包みを取り出し、ごま油、白ごまを
加えて混ぜ、器に盛る。

エネルギー 59kcal
たんぱく質3.7g
糖質10.0g　塩分1.4g

# ひじきと薄揚げの煮物

鉄分いっぱいのヘルシー小鉢

## ひじきを包む

・ひじき（ドライパック）…… 1袋（50g）
・薄揚げ …… 1枚
・麺つゆ（ストレート）…… 大さじ2

クッキングシート上で薄揚げを縦半分に
切ってから幅1㎝に切り、
ひじき、麺つゆを加えて包む。

## フライパンで蒸す

フライパンに包みを入れ、水1カップ
（200ml）を注ぎ、ふたをして
中火で8分加熱する。
包みを取り出して全体を混ぜ、器に盛る。

エネルギー 103kcal
たんぱく質5.9g
糖質5.0g　塩分1.3g

# わかめの酢の物

加熱でわかめをやわらかく、味なじみよく

## 型に乾燥わかめを入れる

・乾燥わかめ …… 大さじ1　・水 …… 大さじ1

クッキングシートを短かめに切り（約15㎝）、
両端をねじった型に、わかめと水を入れる。

## フライパンで蒸す

・きゅうり …… 1/2本
・砂糖 …… 大さじ1
・酢 …… 大さじ1
・白だし …… 小さじ1/4
・白ごま …… 少々

フライパンに包みを入れ、水1カップ（200
ml）を注ぎ、ふたをして中火で8分加熱する。
その間にきゅうりをラップで包み、計量カッ
プの底などでたたく。包みを取り出し、きゅう
りと残りの材料を加えて和え、器に盛る。

エネルギー 61kcal
たんぱく質1.3g
糖質13.3g　塩分1.1g

凍ったまま蒸していいから、とっても便利！

# ほうれん草のココット

## 冷凍ほうれん草を包む

・冷凍ほうれん草 …… 1カップ強(50g)
・卵 …… 1個
・塩こしょう …… 少々

クッキングシートに、
ほうれん草をドーナツ状にのせ、
中心に卵を割り入れる。
塩こしょうをふって包む。

冷凍ほうれん草
50gは約1カップ強

## フライパンで蒸す

フライパンに包みを入れ、水1カップ
(200ml)を注ぎ、ふたをして
中火で8分加熱する。
包みを取り出して器に盛る。

エネルギー 87kcal
たんぱく質7.8g
糖質2.2g　塩分1.4g

# 白和えもどき

豆腐の小パック使いきり♪

## 冷凍ほうれん草を包む

・冷凍ほうれん草 …… 1/2カップ強（30g）
・木綿豆腐（3連パック）
…… 1パック強（150g）
・白だし …… 大さじ1

クッキングシートに豆腐をスプーンですくってのせ、ほうれん草、白だしを加えて包む。

## フライパンで蒸す

・白すりごま …… 小さじ1

フライパンに包みを入れ、水1カップ（200ml）を注ぎ、ふたをして中火で8分加熱する。包みを取り出し、白すりごまを加えて混ぜ、器に盛る。

エネルギー 146kcal
たんぱく質12.2g
糖質5.0g　塩分1.7g

しょうが風味ですっきり

# ささみとほうれん草のさっぱり蒸し

## 冷凍ほうれん草を包む

・ささみ …… 1本
・冷凍ほうれん草 …… 1/2カップ強（30g）
・白だし …… 小さじ1/2
・しょうが（チューブ） …… 2cm

クッキングシート上でささみを長さ3cmに切り、ほうれん草を加える。
白だし、しょうがを加えて包む。

## フライパンで蒸す

フライパンに包みを入れ、水1カップ（200ml）を注ぎ、ふたをして中火で8分加熱する。
包みを取り出して全体を混ぜ、器に盛る。

エネルギー 63kcal
たんぱく質13.0g
糖質1.3g　塩分0.4g

# なすのベーコン巻き

## 冷凍なすを包む

・冷凍なす …… 4切れ
・ベーコン …… 2枚

クッキングシートに長さを半分に切ったベーコンを並べ、なすを巻く。巻き終わりを下にして包む。

## フライパンで蒸す

フライパンに包みを入れ、水1カップ(200ml)を注ぎ、ふたをして中火で8分加熱する。
包みを取り出して器に盛る。

エネルギー184kcal
たんぱく質6.3g
糖質5.2g　塩分0.8g

くるっと巻くだけで見映えアップ!

# なすの麺つゆ漬け

冷凍なす100gは
約1カップ強

冷やすとおいしさ倍増♥

## 冷凍なすを包む

・冷凍なす
…… 1カップ強（100g）

クッキングシートに
なすをのせて包む。

## フライパンで蒸す

・麺つゆ（ストレート）…… 大さじ1
・かつおぶし …… 1パック（2g）
・カット青ねぎ …… 適量

フライパンに包みを入れ、水1カップ（200ml）を注ぎ、ふたをして中火で8分加熱する。
包みを取り出し、麺つゆを加えてそのまま冷まし、器に盛る。食べる直前に、かつおぶし、青ねぎをのせる。

エネルギー 38kcal
たんぱく質3.1g
糖質7.0g　塩分0.6g

こってりメインに合う甘酸っぱいおかず

# なすの甘酢漬け

## 冷凍なすを包む

・冷凍なす …… 1カップ強（100g）

クッキングシートになすをのせて包む。

## フライパンで蒸す

・砂糖 …… 小さじ1
・酢 …… 小さじ1
・塩 …… ひとつまみ

フライパンに包みを入れ、水1カップ（200ml）を注ぎ、ふたをして中火で8分加熱する。
包みを取り出し、砂糖、酢、塩を加えて混ぜ、器に盛る。

エネルギー 36kcal
たんぱく質1.1g
糖質8.7g　塩分1.0g

# 私もほったらかしてみました

**「包み蒸し」は1人暮らしや忙しい人の味方です♪**

（前作『フライパンで3品同時に作れる魔法のレシピ！ 朝8分ほったらかし弁当』へのレビューより）

冷凍作りおきだと 冷凍庫が
常にパンパンになるけど
この料理法だとそれがない

調理が面倒になりがちな
1人暮らしにもってこい！

1人暮らしする大学生の娘へ。
フライパンだけあれば
簡単にできるのが
購入の決めてになりました

炊事をしている男性にこそ
ぜひ読んでいただきたい

# Part 5

# 自炊生活のスタートを応援！

自炊したいけど、何から始めればいいか分からないという人も。
そこで、キッチンや食材の使い方がすぐ分かる基本ルールを紹介！
“包み蒸し” なら、道具やスペースは最小限でラクに自炊できます。
キッチンスケールがなくても、だいたいの量が分かる
目量りカタログや、節約にもなる野菜冷凍テクなど、
自炊ビギナーに役立つ情報満載です。

# ミニキッチンでも

キッチンが小さくて、一口コンロだから調理しづらい！　そんな悩みも、道具を極力使わない

### クッキングシートは1等席に

必需品のクッキングシートは一番取り出しやすい位置に置いて、調理をスムーズに。

### キッチンバサミは手の届く場所に

使いたいときにすぐ手に取れるよう、キッチンバサミはツールスタンドに立てて収納。

### 水切りかごはいりません

場所を占領する水切りかごは不要。洗い終わった食器は、クロスの上で乾かせばOK。

### コンロに置いたフライパンを活用

調理スペースが狭い場合は、コンロに置いたフライパンの上も調理スペースとして使って！　調理スペースがなくても、シンクにバットを置いて、食材の一時置き場にできます。

# “包み蒸し”ならカンタン

包み蒸しならスッキリ解決。空間をムダなく使う収納アイディアも、参考にしてくださいね。

## ふたは引っかけて省スペースに

場所を取るふたは引っかけて収納。100均のつっぱり棒を壁面に渡し、ふたを差し込んで。

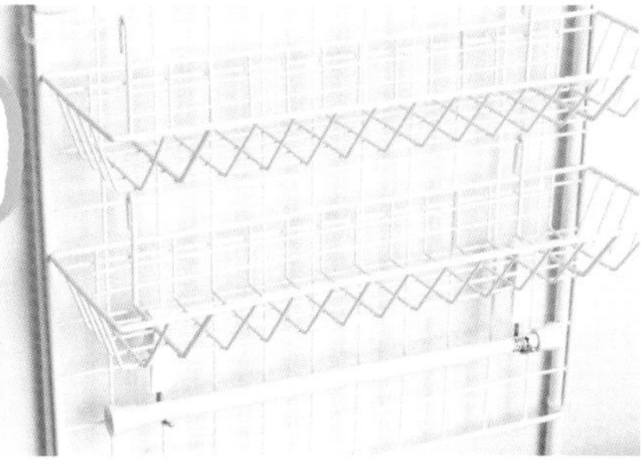

## つっぱり棒で壁収納をパワーアップ

2本のつっぱり棒を縦に並べ、格子状の網を結束バンドで固定。引っかける棚をつければ、収納力バツグンのキッチンに！　材料は100均で800円前後でそろえられます。

## ペーパーホルダーも100均でDIY

置き場に困るキッチンペーパーは、吊るして収納。壁収納の棚の下にフックを2個つけ、キッチンペーパーの芯に短めのつっぱり棒を通して設置。くるくるっと回せる、ペーパーホルダーの完成です。

## 調味料は高い位置の収納がベスト

シンク下の棚は湿度が高いので、口にする調味料の収納には不向き。調味料はやや高い位置にある棚へ。しょうゆや七味唐辛子は、冷蔵庫で保管すると風味をキープできますよ。

# 効率的な調理のダンドリ

最小限の道具と手間で、効率よく料理するための小ワザです。
思った以上に時短効果がありますよ。

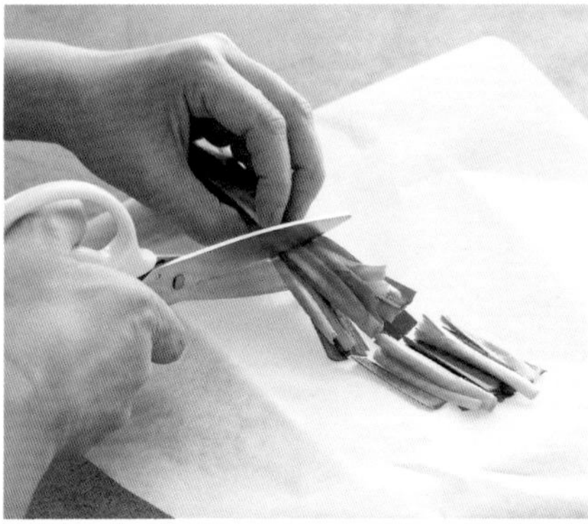

## 野菜から切り始めるとスムーズ

油分のない野菜→油分のある魚や肉の順で切れば、途中でハサミを洗う手間が省けて効率アップ！　2品作るときは、すべての野菜を先に切ってから進めると時短になります。

## 包んだらフライパンにのせておく

最初の1品を包んだらフライパンにのせておくと、ミニキッチンでも2品目を調理するスペースを確保できます。まずはフライパンをコンロにのせてから、お料理スタート！

## 計量スプーンは液体以外の調味料から

大さじ小さじ1本ずつで、途中で洗わなくてもいい順でレシピを記載しています。「砂糖→しょうゆ」のように、スプーンが汚れないものは洗わず量って大丈夫。ただし、ひき肉を大さじで量った後は、必ず洗うか、別のスプーンを使ってくださいね。

# だれでもできる！清潔キープのコツ

キッチンの掃除が面倒になるのは、汚れをためてしまうせい。
毎日のちょこっと掃除で、いつでもきれいな使いやすい状態にキッチンを保てます。

## ラップで予洗い

使用済みのラップを捨てる前に、もうひと仕事。食器洗いのときに、ラップを丸めて油汚れを拭きとれば油を吸着してくれるので、キッチンスポンジがギトギトになりません。

## 排水口は泡状の漂白剤をシュッ

排水口には、水切りネットをかけておくとお手入れがラク。洗い物をしたらネットをポイッと捨て、泡状の漂白剤を吹きかけて。少しの手間で、排水口のぬるぬるとサヨナラできます。

## ふきんも泡状の漂白剤で除菌

泡状の漂白剤で、ふきんの除菌もできます。ボウルに水を張ってふきんを入れ、漂白剤をシュッしてつけ置きするだけ。色柄物の場合は色落ちしない漂白剤を選び、洗浄液は素手で触れないよう気をつけて。

# 食材目量りカタログ

この本のレシピが、キッチンスケールなしでも作れるよう、よく使う食材を
クッキングシートと計量カップで見て量れるように工夫しました。自炊がより気楽に！

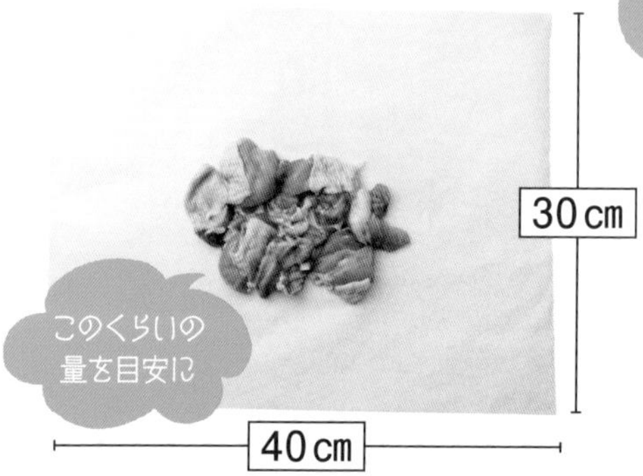


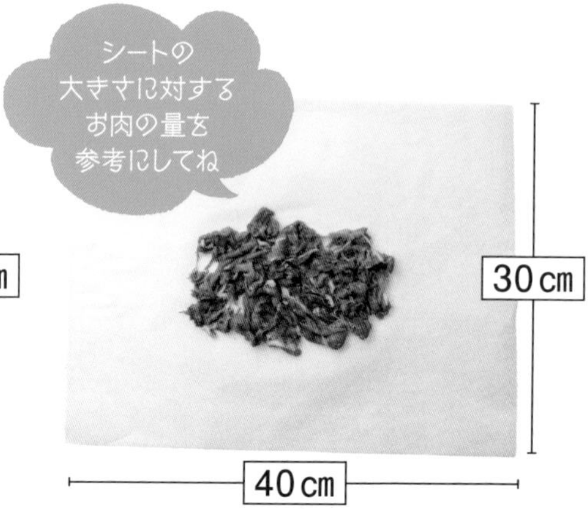


## 鶏むね肉・鶏もも肉1/2枚

30×40cmのクッキングシートにのせると、
鶏肉1/2枚（150g）は、このくらいの量。
鶏肉は厚さ約1cmに切っています。

## 豚こま切れ肉100g

30×40cmのクッキングシートにのせると、
豚こま切れ肉100gは、このくらいの量。
豚肉は厚さ約1cmに広げています。

## むきえび80g
=
## 約1/2カップ

## シーフードミックス100g
=
## 約1カップ

※計量カップは目盛りが250mlまであるものを使用。

計量カップは
真横から目盛りを
読みます

**ペンネ80g**
**=**
**約1カップ強**

ピーラーで
スライスして
軽く詰めて量ってね

小房に分けて
入れて

**ブロッコリー60g**
**=**
**約1カップ強**

**にんじん30g**
**=**
**約1カップ**

冷凍野菜は
凍ったまま計量!

**冷凍ほうれん草50g**
**=**
**約1カップ強**

**冷凍なす100g**
**=**
**約1カップ強**

# セルフ冷凍野菜を作ろう

野菜がたくさんあるときは、新鮮なうちに冷凍保存しておくと便利です。
どれも生のまま切るだけでOK！
使うときは凍ったままパキッと折って、包み蒸しに加えたり、おみそ汁の具にしたり。
保存期間は1カ月前後を目安に、なるべく早めに使い切ってくださいね。

栄養満点で体によく、食卓の彩りもアップしてくれるブロッコリー。小房に分けて、常備しておくと安心な優秀食材です。冷凍後は少しやわらかい食感になるので、「ひき肉とブロッコリーのみそ煮」(p41）や、「えびとブロッコリーのサラダ」(p51）などに使うのがおすすめ。

にんじんは切って冷蔵すると黒ずみますが、冷凍なら鮮やかなオレンジ色をキープ。芯に竹串を刺して固定してからピーラーでスライスすると、手を切らず簡単に下ごしらえが済みますよ。薄くひらひらした状態なので、包み蒸し以外に野菜炒めや、コンソメスープの具材などにも。

長さ3～4㎝に切って冷凍すると、この本に登場する小松菜の全レシピで使えます。蒸した小松菜はえぐみが少なく食べやすいので、小松菜が苦手な人もぜひ食べてみて！　にらやチンゲン菜など他の葉物野菜も同様に冷凍すれば、冷蔵庫のぎゅうぎゅう詰め防止にも。

しめじは石づきを取り、手でほぐして冷凍します。他のきのこも冷凍できるので、違う種類が少しずつ残ったら、同じ袋に入れて「冷凍きのこミックス」にしても。好きな量だけ使いやすいので、おみそ汁に加えたり、「厚揚げときのこの照り煮」(p69）にしたりと大活躍しますよ。

## セルフ冷凍野菜の作り方

1. キッチンバサミやピーラーで野菜をカットする。
2. Mサイズ（約18×19㎝）の冷凍用保存袋を用意し、野菜の水気をよく拭きとって入れる。
3. 野菜を平らに広げ、なるべく空気を抜いて口をしっかり閉じる。

通年お手頃価格のキャベツは、自炊に取り入れやすい野菜。3～4㎝角にカットして冷凍しておくと、「塩蒸しそば」（p85）や、「キャベツのガーリック蒸し」（p99）もキッチンバサミいらずに！　疲れている日でもパパッと作れます。野菜炒めやスープの具などにも使えて便利。

積極的に食べたい緑黄色野菜の代表ですが、4～5個ずつの袋入りが主流。シワシワになる前に、縦に幅5㎜の細切りにして冷凍しましょう。「ピーマンと豚ひき肉のおかか和え」や「ピーマンとにんじんのごま和え」（ともにp102）が、キッチンバサミなしでスピーディーに完成します♥

場所を取る長ねぎは、切って冷凍保存が大正解！青い部分は栄養価が高く、香りもよくておいしいので、捨てずに使って。幅1㎝の斜め切りにして冷凍しておけば、「長ねぎののり和え」（p106）や「長ねぎとじゃこのオイル蒸し」（p107）が、あっという間にできあがり。

安くておいしいトマト缶は、開封すると冷蔵での日持ちが約2日と短いので、残った分は冷凍を。折って必要な量だけ使えるように、薄く広げた状態で凍らせておくのがポイント。冷蔵する場合も、缶のまま保存すると味が落ちるので、必ず保存袋か保存容器に移し替えて。

# 素材別さくいん

## 肉、肉の加工品



## 魚介、魚介の加工品

**川崎利栄**（かわさき・りえ）

フードスタイリスト／フォトスタイリスト。大阪・岸和田で170年以上続く染物屋に嫁ぎ、夫と3人の息子、夫の両親の大家族7人で暮らす。料理の仕事をするなか、スタイリングや写真の美しさの必要性を感じてフォトスタイリングジャパンで学び、フォトスタイリストとなる。レシピサイトNadiaのNadia Artistとして、レシピ開発や撮影、スタイリングまで手がけるマルチな活動をしている。2020年、初の著書となる『フライパンで3品同時に作れる魔法のレシピ！ 朝8分ほったらかし弁当』を上梓。クッキングシートを使った画期的な「包み蒸し」調理がたちまち評判を呼び、「おはよう朝日です」(朝日放送テレビ)、「スッキリ」(日本テレビ) などに出演。フライパンを使った手軽なおいしいレシピで、注目を集めている。本書では、スタイリングも担当している。

◆**ブログ**　「フライパンとクッキングシートで『ほったらかし弁当』と簡単おうちごはん」
https://ameblo.jp/foodplanet/

◆**インスタグラム**　@rie_foodstyle


**Staff**

料理・スタイリング　川崎 利栄
撮影　内藤 貞保
撮影(p8～12、21、43、72)　川崎 利栄
ブックデザイン　GRiD (釜内 由紀江、清水 桂、石神 奈津子)
校正　株式会社円水社
取材・構成　安田 光
編集　石川 奈都子

栄養計算　松井 有理(photo labo 関西)
調理アシスタント　川﨑 美智子
撮影アシスタント　細川 恵(photo labo 関西)

**包丁いらず＆フライパンだけでラクラク自炊！**
**包み蒸し8分 ほったらかしのやせごはん**

---

発 行 日　2020年7月30日　初版第1刷発行
　　　　　2020年9月20日　第3刷発行

著　　者　川崎利栄
発 行 者　秋山和輝
発　　行　株式会社世界文化社
〒102-8187　東京都千代田区九段北4-2-29
☎ 03-3262-5118 (編集部)
☎ 03-3262-5115 (販売部)

印刷・製本　大日本印刷株式会社



ISBN 978-4-418-20313-0